MONIKA MARON

PAWELS BRIEFE

Eine Familiengeschichte

S. Fischer

© 1999 S. Fischer Verlag GmbH, Frankfurt am Main
Gestaltung: Jonas Maron
Druck und Bindung: Clausen & Bosse, Leck
Printed in Germany 1999
ISBN 3-10-048809-1

PAWELS BRIEFE

Seit ich beschlossen habe, dieses Buch zu schreiben, frage ich mich, warum jetzt, warum erst jetzt, warum jetzt noch. Die Geschichte kenne ich, seit ich denken kann. Es ist die Geschichte meiner Großeltern, und ich hatte sie zu keiner Zeit vergessen. Das erste Kapitel meines ersten Buches gehört ihnen, Pawel und Josefa. Josefa heißt auch die Heldin dieses Buches, und ihr Nachname ist die deutsche Übersetzung des Familiennamens meiner Großeltern: Nadler, auf polnisch Iglarz.

Warum habe ich überhaupt das Gefühl, rechtfertigen zu müssen, daß ich diese Geschichte, an der wenig sicher ist, schreiben will, jetzt noch, nachdem die Schicksale dieser gerade versunkenen Generation der Historie zugeordnet und in ihr vermauert wurden, selbst die ihrer Kinder. Nachdem über Lebensläufe wie die von Pawel und Josefa Iglarz wenig Neues zu sagen ist, schon gar nicht von jemandem, der ihnen aus sicherer Entfernung nachspürt. Zeitgenossen und Leidensgenossen meiner Großeltern haben berichtet, den Unglauben darüber, daß das geschehen konnte und daß man das überleben konnte, noch in der Stimme.

Erinnerungen haben ihre Zeit. Es gibt zurückliegende Ereignisse, von denen wir nur ungenau erfahren und von denen wir wissen, daß wir eines Tages ihrer in

Ruhe gedenken und sie genauer ergründen wollen. Irgendwann, denken wir, muß ich das genau wissen. Es kann sein, daß Jahre, sogar Jahrzehnte vergehen, während derer uns immer wieder einfällt, daß wir uns eines Tages um diese eine Sache kümmern und uns an etwas oder an jemanden genau erinnern wollen. So, glaube ich, ist es mir mit der Geschichte meiner Großeltern ergangen.

Erinnern ist für das, was ich mit meinen Großeltern vorhatte, eigentlich das falsche Wort, denn in meinem Innern gab es kein versunkenes Wissen über sie, das ich hätte zutage fördern können. Ich kannte die Umrisse der Geschichte, der das Innenleben und erst recht meine innere Kenntnis fehlten. Das Wesen meiner Großeltern bestand für mich in ihrer Abwesenheit. Fest stand nur, daß es sie gegeben hatte. Sie hatten der Welt vier Kinder beschert, von denen drei noch lebten. Es gab Fotos und ein paar Briefe. Vor allem aber gab es ihren Tod, der sie immer mehr sein ließ als meine Großeltern. Sie waren der gute, der geheiligte Teil der furchtbaren Geschichte. Der konvertierte Jude und die konvertierte Katholikin, polnische Einwanderer in Berlin, deren Leben sonst vielleicht nur als mühsam und liebenswert überliefert worden wäre, lebten in mir als der kleine, vorstellbare Ausschnitt der unvorstellbar grausamen Geschichte. Und sie vererbten mir mit ihrem Tod die Geborgenheit der Unschuld. Die Angst, von Mördern und Folterknechten abzustammen, blieb mir für meine Kinderjahre erspart. Ich weiß nicht, ob alle oder wenigstens viele Kinder sich zuweilen wünschen, Nachkommen anderer Eltern zu sein, als sie nun einmal sind und nur um den Preis der eigenen Nicht-Existenz nicht sein müßten. Ich jedenfalls war von solcher Undankbarkeit in manchen kindlichen Krisenzeiten ganz erfüllt. Ich wollte anders sein, als meine Abstammung mir zugestand. Und weil die Fotografie meiner Großmutter, die schmal gerahmt in meinem Zimmer hing, sie allzu deutlich als die Mutter meiner Mutter auswies, fiel meine Wahl als einzigen Ahnen, von dem abzustammen ich bereit war, auf meinen Großvater. Daß er seiner Herkunft, nicht seinem Glauben nach, Jude war, spielte für meine Entscheidung keine Rolle. Ich glaube, ich wußte damals nicht mehr über Juden, als daß die Nazis sie ermordet hatten. Aber daß mein Großvater als Jude umgekommen war, daß er dem Leben etwas schuldig bleiben mußte, weil man ihn gehindert hatte, es zu Ende zu leben, und daß darum ich ihm etwas schuldete, mag für meine Wahl, wenn auch nicht so bewußt, den Ausschlag gegeben haben. Vielleicht war es auch nur mein erster Versuch, dem eigenen Leben einen Sinn und ein Geheimnis zu erfinden.

Ich war nicht oft in Polen, auch nicht vor 1981, als die Bewohner der DDR dorthin noch reisen durften. Das Bedürfnis, meinen Großeltern näher zu kommen, indem ich die Straßen nachging, die sie vielleicht auf ihrem Schulweg oder zum Einkauf mit ihren Eltern gegangen waren, oder die sie sich später in ihrem

Elend, einmal dann zum letzten Mal, entlangge-
schleppt hatten, stellte sich höchstens als vager Gedanke ein, der schon im Augenblick seines Entste-
hens in eine unbestimmte Zukunft verwiesen wurde;
ich müßte einmal, eines Tages werde ich …
Warum hatte das ungefähre »eines Tages« plötzlich
ein Datum?
Im Sommer 1994 kam ein junges holländisches Fernsehteam nach Berlin und suchte Antwort auf die Frage: Wann werden die Deutschen endlich normal? Sie
befragten verschiedene Menschen aus verschiedenen
Berufsgruppen, unter anderen mich, und aus verschiedenen Generationen, so auch meine Mutter. Bei
der Suche nach alten Fotos, um die das Fernsehteam
gebeten hatte, stieß meine Mutter auf einen Karton
mit Briefen, den sie elf Jahre zuvor aus dem Nachlaß
ihrer Schwester geborgen und ungesichtet verwahrt
hatte. Es waren Briefe meines Großvaters aus dem
Ghetto und Briefe seiner Kinder an ihn, die in meiner Mutter nicht nur die vergrabene Trauer weckten,
sondern sie auch in eine anhaltende Verwirrung
stürzten. Diese Briefe waren ihr unbekannt. Sie konnte sich nicht erinnern, sie je gelesen oder gar selbst
geschrieben zu haben. Sie erfuhr Details, von denen
sie, wie ihr schien, nie etwas gewußt hatte und die sie
dennoch gekannt haben mußte, denn es war unmöglich, daß sie die Briefe nicht gelesen hatte, so wie es
unmöglich war, daß sie die in ihrer eigenen Handschrift nicht geschrieben hatte.

Meine Mutter nahm die Spur ihres Vergessens auf und suchte weiter in den alten Papieren, die offenbar zuverlässiger waren als ihre Erinnerung, und fand einen Briefwechsel, geführt zwischen ihr und einer deutschen Behörde, in dem die damals vierundzwanzigjährige Helene Iglarz gegen ihre drohende Ausweisung nach Polen kämpfte.

Kannst du dir vorstellen, warum ich nichts, aber auch gar nichts mehr davon weiß? Meine Mutter Hella saß auf dem Sofa mir gegenüber, klein, aber, wie sie immer beteuert, entschieden größer als ihre Mutter, zwanzig Jahre älter, als diese geworden war, und sah aus, als hätte sie sich am liebsten den Schädel geöffnet, um in ihrem Hirn nach dem verlorenen Wissen zu suchen.

Unsere Fähigkeit zu vergessen empfinden wir oft nur als die Unfähigkeit, uns zu erinnern. Das Vergessen steht unter Verdacht, dem Bösen und Schlechten in uns dienstbar zu sein. Vergessen bedeutet Schuld oder körperliches Versagen. Die Willkür, mit der etwas über unser Wollen hinweg entscheidet, ob eine Erinnerung in uns auffindbar oder in den Kellern unseres Gedächtnisses für eine Zeit oder sogar für immer verschlossen bleibt, erscheint uns unergründlich und ist darum unheimlich. Als meine Mutter sich an einen Briefwechsel, in dem es um ihr Leben ging, nicht erinnern konnte, war das Vergessen in der öffentlichen Meinung gerade zu einem Synonym für Verdrängung und Lüge geschrumpft. Aber das Ver-

gessen meiner Mutter war unschuldig, jedenfalls mußte es in den Augen der Welt dafür gelten. Trotzdem
empfand meine Mutter es als schuldhaft, wenigstens
als unzulässig. Damals beschlossen wir, nach Ostrow-
Mazowiecka zu fahren, wo mein Großvater geboren
wurde.

Kurz zuvor hatte mir eine Zeitung vorgeschlagen, an
einen beliebigen, nur von mir zu bestimmenden Ort
auf der Erde, den ich schon immer einmal habe sehen wollen, zu fahren oder zu fliegen und darüber zu
schreiben. Das Reisen an sich ist keine Sehnsucht von
mir. Am liebsten reise ich dorthin, wo ich Freunde
und Bekannte habe und weiß, wo im Supermarkt die
Milch steht. Mir fiel keine Stadt zwischen Nord- und
Südpol ein, die eine würdige Antwort auf das großzü-
gige Angebot gewesen wäre. Aber langsam dämmerte
das alte Versprechen auf, das ich mir oder meinen toten Großeltern immer wieder einmal gegeben hatte:
nach Kurow bei Lodz und nach Ostrow-Mazowiecka
zu fahren, um dort nichts Bestimmtes zu finden, nur
hinzufahren, mir vorzustellen, wie sie dort gelebt hatten, und den Faden zu suchen, der mein Leben mit
dem ihren verbindet.

Zwei Wege führten zur gleichen Zeit an denselben
Ort, nachdem jahrzehntelang alle Wege an ihm vor-
beigeführt und ihn höchstens für Minuten am Hori-
zont hatten aufscheinen lassen.

Erinnerungen haben ihre Zeit. Um als Ort meines
tiefsten Interesses ein kleines Kaff in Polen nordöst-

lich von Warschau zu benennen, mußte ich in New York, London, Rom und Paris gewesen sein. Ich mußte aufgehört haben, meine Eltern zu bekämpfen, um mich über das Maß der eigenen Legitimation hinaus für meine Großeltern und ihre Geschichte wirklich zu interessieren. Ich mußte bereit sein, den Fortgang der Geschichte, die Verbindung zu mir, das Leben meiner Mutter, einfach nur verstehen zu wollen, als wäre es mein eigenes Leben gewesen.

So ließe sich, wenn man sich der Sucht nach kausaler Eindeutigkeit überhaupt beugen will, erklären, warum ich dieses Buch erst jetzt schreibe.

Ich neige dazu, den Zufällen und spontanen Entscheidungen der Vergangenheit zu unterstellen, sie seien insgeheim schon immer einem sich viel später offenbarenden Sinn gefolgt, und ich befürchte, es könnte ebenso umgekehrt sein: weil man das Chaos der Vergangenheit nicht erträgt, korrigiert man es ins Sinnhafte, indem man ihm nachträglich ein Ziel schafft, wie jemand, der versehentlich eine Straße ins Leere gepflastert hat und erst dann, weil es die Straße nun einmal gibt, an ihr beliebiges Ende ein Haus baut.

* * *

Mein Großvater wurde 1879 geboren. Ein Schriftstück, das dieses Ereignis belegt, fand sich unter den Papieren meiner Mutter.

Amtlicher Auszug

Der Standesbeamte für nichtchristliche Bekenntnisse der Stadt Ostrow-Mazowiecki der Wojewodschaft Bialystok der Republik Polen bestätigt hiermit, daß in dem Buch der Unikate für das Jahr 1886 befindet sich eine folgenden Inhalts:

Geburtsurkunde

N. 109 Stadt Ostrow. Es ist geschehen in der Stadt Ostrow am neunten (einundzwanzigsten) September im Jahre achtzehnhundert sechs und achtzig um acht Uhr morgens. Es ist erschienen Juda Lejb Sendrowitsch Iglarz, ein Schneidermeister, vierundvierzig Jahre alt, wohnhaft in der Stadt Ostrow und in der Gegenwart der Zeugen Leisor Schkolniks zweiundfünfzig Jahre alt und Chazek Berenholzens sechsundvierzig Jahre alt beide wohnhaft in der Stadt Ostrow, stellte ein Kind des männlichen Geschlechts vor, wobei er erklärte, daß es in der Stadt Ostrow am dritten (fünfzehnten) Januar achtzehnhundert neunundsiebzig um neun Uhr abends von seiner Frau Etke geborener List zweiundvierzig Jahre alt geboren ist, welchem der Name Schloma gegeben ist. Die Versäumung des Termins dieser Anzeige dieses Akts war nicht gerechtfertigt. Dieser Akt ist den Anwesenden vorgelesen worden, von uns und den Zeugen unterschrieben. Der Anzeigende kann weder lesen noch schreiben. Leisor Schkolnik, Chazek Berenholz, Beamte des Bürgerlichen Standes, der Bürgermeister, ein verabschiedeter Rittmeister (Unterschrift unleserlich).

Die Übereinstimmung dieses Auszugs mit dem Original bestätige ich amtlich. –
Ostrow-Mazowiecki, den 20. Februar
Der Standesbeamte
Bürgermeister in Ostrow-Mazowiecki
(Unterschrift unleserlich)

Das Schriftstück liegt in russischer Sprache und in der deutschen Übersetzung eines Poznaner Pastors vor. In der russischen Fassung heißt das Kind männlichen Geschlechts Schljama, in der deutschen Schloma. Diese Urkunde, die anmutet wie eine Nachricht, nicht nur aus einem anderen Jahrhundert, sondern aus einer anderen Welt, in der man Juda Lejb Sendrowitsch hieß, nicht lesen und nicht schreiben konnte und die Geburt eines Kindes der Behörde mit siebenjähriger Verspätung bekanntgab, hatte Hella im Jahr 1939 beantragt, als sie und ihr Freund Walter, der später mein Vater wurde, heiraten wollten. Sie muß sie damals also gelesen haben. Aber daß ihr Vater Pawel, der sich auch Paul nannte, als Schljama oder Schloma geboren wurde, ist ihr so neu, als hätte sie es nie gewußt.

Ich weiß gar nicht, was das für eine Zeit war damals, sagt sie, wahrscheinlich war man immerzu so getrieben von einer Sache zur nächsten und hat sich alles, was damit nichts zu tun hatte, einfach nicht gemerkt.

Die Abschrift der Urkunde stammt vom 20. Februar 1939. Hella war damals dreiundzwanzig Jahre alt.

Ihren Vater hatten die Deutschen drei Monate vorher, im November 1938, wie alle polnischen Juden des Landes verwiesen. Seitdem kampierten sie in Eisenbahnwaggons, Zelten und ähnlichen Notunterkünften an der Grenze, weil die polnische Regierung den polnischen Juden die Einreise in ihr Land verweigerte. Hella und Walter beschlossen zu heiraten. In Hellas Unterlagen finden sich Geburts- und Heiratsurkunden von Vater und Vatersvater, von Mutter und Muttersmutter, alle beschafft und übersetzt, um die schützende Ehe mit einem Arier zu schließen, was nicht gelang. Gleichzeitig versuchte sie, die deutschen Behörden davon zu überzeugen, daß ihr Vater, der als junger Mann zu den Baptisten konvertiert war, kein Jude war, was auch nicht gelang.

Ob die Geburtsurkunde meinen Großvater als einen geborenen Schljama, Schloma oder Pawel auswies, ob man seine Geburt rechtzeitig oder zu spät vermeldet hatte, war, da sie ihm keine christliche Herkunft bescheinigen konnte, für seine Lebensrettung und die seiner Familie ganz und gar unwichtig.

Aber vielleicht hat der jüdische Name ihres Vaters Hella auch erschreckt, weil sie in der Geburtsurkunde zum ersten Mal von ihm erfuhr und weil ihre Hoffnung, sein früher Übertritt zum Christentum könne ihren Vater retten, durch diesen eindeutigen und verhängnisvollen Namen Schloma zerstob, weil ein Paul oder sogar ein Pawel Iglarz vielleicht noch eine Chance gehabt hätte, ein Schloma aber nicht, wie man der

Tochter eines Paul vielleicht eine Heirat gestattet hätte, der Tochter von Schloma aber nicht. Das kann der dreiundzwanzigjährigen Hella sekundenschnell durch den Kopf gejagt sein, und sie mag gewünscht haben, diesen Namen tilgen und einen anderen dafür einsetzen zu dürfen. Und weil das nicht möglich war, hat sie ihn in ihrem eigenen Kopf getilgt.

Vielleicht hat sie aber auch nur einen schnellen Blick auf Datum, Stempel und Unterschriften geworfen, hat geprüft, ob die Urkunde alles enthielt, was die Behörde forderte, hat das Papier in die Mappe zu den übrigen Papieren gelegt und abgezählt, was ihr für die Heiratsgenehmigung noch fehlte. Ihr Vater war Jude, ob er nun Schloma oder Pawel hieß, ob er den Glauben gewechselt hatte oder nicht.

Hätte Hella nicht ein ungewöhnlich gutes Gedächtnis, so gut, daß sie in meinen Augen manchmal in den Verdacht gerät, nachtragend zu sein, ließen sich ihre Erinnerungslücken durch die überlagernde Zeit und Hellas Alter erklären. So aber stehen sie als ein erklärungverlangendes Warum über den Jahren nach 1939. Denn Hella behauptet, sich bis dahin genau erinnern zu können. 1937 ist ihr Bruder Bruno zweiunddreißigjährig an den Folgen einer Gallenoperation gestorben, 1937 lernte sie Walter kennen und hatte ihre erste Abtreibung bei einem jüdischen Arzt, der drei Jahre später, als ich nicht geboren werden sollte, nicht mehr auffindbar war. Und an alles, sagt Hella, könne sie sich genau erinnern. Aber glaubte sie

Pawel und Josefa in Lodz

nicht auch, sich an das Jahr '39 genau zu erinnern, bis sie die Briefe fand? Ihre Geschwister Marta und Paul sind tot. Es ist niemand mehr da, der ihr durch die eigenen Geschichten oder auch nur durch die eigene Existenz helfen könnte, den Weg des Vergessens zurückzugehen. Wir können uns erklären, warum wir uns an etwas erinnern, aber nicht, warum wir vergessen, weil wir nicht wissen können, was wir vergessen haben, eben weil wir vergessen haben, was uns zugestoßen ist.

* * *

Das Bild, das ich mir von meinen Großeltern mache, ist schwarzweiß wie die Fotografien, von denen ich sie kenne. Selbst wenn ich mich anstrenge und versuche, mir meine Großmutter und meinen Großvater als durchblutete farbige Menschen mit einer Gesichts-, Augen- und Haarfarbe vorzustellen, gelingt es mir nicht, die farbigen Bilder zu fixieren. Immer schieben sich in Sekunden die schwarzweißen Fotogesichter über die farbigen Fragmente. Wenn Hella von den Abenden in der elterlichen Wohnküche erzählt, sehe ich meine Großeltern schwarzweiß zwischen ihren farbigen Kindern sitzen. Nur Bruno, den ich auch nur von Fotos kenne, ist ebenso schwarzweiß. Ich weiß

18

nicht, warum ich geglaubt habe, mein Großvater hätte rötliches Haar gehabt; vielleicht wegen einiger braunstichiger Fotos, die in einem Atelier und nicht von Paul aufgenommen waren. Oder weil Marta, Hellas sechs Jahre ältere Schwester, rothaarig war, weshalb sie manchmal auch »die Reute« genannt wurde, und weil ich gehört hatte, es gäbe in fast jeder jüdischen Familie einen Rothaarigen. Hella sagt, ihr Vater sei dunkelhaarig gewesen, ob schwarz, könne sie gar nicht genau sagen, vielleicht einen kleinen rötlichen Schimmer darin, aber nur einen Schimmer.

* * *

Einen Tag vor ihrem Tod, am 10. Juni 1942, schrieb meine Großmutter ihrem Mann diesen Brief:
Mein lieber Mann!
Ich habe Deine Karte erhalten, für die ich Dir herzlichst danke. Du fragst mich, was der Arzt gesagt hat?
Er sagte mir, daß ich einen angeschwollenen Magen habe; das weiß ich alleine, daß dies der Fall ist.
Lieber Mann! Ich teile Dir weiter mit, daß ich mich sehr schwach fühle und sehr elend bin, mit einem Wort, es steht sehr schlecht mit mir.
Von den Kindern habe ich am Montag, dem 8. einen Brief bekommen und am 9.6. RM 50,–.

Du bittest mich um die Schnitte. Paul hat mir diese nicht geschickt, darum schreibe Du an ihn, daß er Dir diese direkt zuschickt. Du weißt ja, daß ich mich damit nicht mehr quälen kann, weil ich mich mit mir selbst genug herumquäle.

Schreibe bitte an die Kinder, daß mein Magen angeschwollen ist und seit den Feiertagen sogar mein Leib und daß meine Krankheit sich sehr verschlechtert hat.

Mein lieber Mann, die Kinder fragen mich, ob ich das Paket und das Geld schon erhalten habe. Schreibe Du ihnen, daß ich alles im vergangenen Monat erhielt.

Nun bitte ich Dich sehr, ob Du Dich nicht bemühen könntest, einmal herzukommen, vielleicht würde man es Dir doch erlauben. Ich möchte mich so gern noch einmal mit Dir sehen; es wird sicherlich schon das letzte Mal sein. Vielleicht läßt man Dich doch zu mir, denn ich möchte Dich wirklich noch einmal sehen.

Ich sende Dir herzliche Grüße – bleibe gesund – bis zum Wiedersehen verbleibe ich

Deine Frau

Meine Großmutter war Analphabetin. Sie muß den Brief diktiert haben, und es ist unwahrscheinlich, daß sie ihn in deutscher und nicht in polnischer Sprache diktiert hat. In Hellas Papieren ist er deutsch und mit der Schreibmaschine geschrieben. Hella weiß nicht, ob sie ihn damals so bekommen hat, oder ob sie ihn hat übersetzen lassen und später mit der Maschine selbst abgeschrieben hat. Sie nimmt an, daß der Brief nicht mehr abgeschickt wurde, sondern daß er Josefas

Kindern, als sie zur Beerdigung nach Kurow kamen, mit der übrigen Hinterlassenschaft übergeben wurde. Mein Großvater durfte an der Beerdigung seiner Frau nicht teilnehmen. Er telegrafierte seinen Kindern, sie mögen ihn auf keinen Fall im etwa dreißig Kilometer entfernten Ghetto Belchatow besuchen.

Vielleicht wollte er nicht, daß wir ihn so sehen, sagt Hella, vielleicht hatte er auch Angst, daß sie uns gleich dabehalten. Wir sind nicht hingefahren.

* * *

Im Sommer 1939, nach neun Monaten im Niemandsland, kehrte mein Großvater für zwei Wochen nach Berlin zurück. Um seine Angelegenheiten zu regeln, hieß es. Meine Großmutter wurde vor die Wahl gestellt, sich von ihrem Mann scheiden zu lassen oder mit ihm ausgewiesen zu werden. Sie zogen gemeinsam in Josefas Geburtsort, nach Kurow, Kreis Lask, in der Nähe von Lodz, wo fast alle Einwohner hießen wie meine Großmutter vor ihrer Heirat: Przybylski. Drei Jahre wohnten sie bei Josefas älterer Schwester Jadwiga, bis mein Großvater im Frühjahr 1942 zur Klärung eines Sachverhalts in das Ghetto Belchatow bestellt wurde und nicht mehr zurückkehrte. Der Denunziant soll, wie eine Verwandte uns viel später erzählte, ein versoffener Mensch gewesen sein, ein zugezogener Städter.

Jadwigas Haus bestand aus einem einzigen kleinen

Raum, Küche und Zimmer in einem. Sie muß darin auch gekocht haben, sagt Hella, obwohl sie sich nicht mehr vorstellen könne, wie und wo. Ihre tote Mutter lag in einer Ecke auf Stroh, das man auf den blanken Lehmboden geschüttet hatte; so klein, sagt Hella, sie war so klein.

Auf dem Foto, das in meinem Zimmer hing, ist meine Großmutter nicht älter, als ich jetzt bin, vielleicht sogar einige Jahre jünger. Sie sieht aus wie eine richtige Großmutter, oder besser: wie meine Generation meint, daß eine richtige Großmutter aussieht: runde kräftige Arme, die sie gerade in eine Spülschüssel taucht, eine gestreifte Schürze über einer dicken Wolljacke, wahrscheinlich war es kalt in der Küche, der Bauch, die Hüften rund und weich; das dunkle Haar zu einem schweren Dutt gesteckt, wenn sie ihn öffnete, fiel der Zopf ihr bis in die Kniekehlen, sagt Hella. Ich bin sicher, daß meine Großmutter sich niemals die Haare gefärbt hätte wie Hella und ich. Sie hat auch nicht geraucht und Alkohol getrunken.

Um den Zopf habe ich meine Großmutter beneidet; auch meine Mutter und meine Tante Marta habe ich um die Zöpfe beneidet, die sie als Kinder tragen durften, sie sagten: tragen mußten. Natürlich hat Hella mir nicht verboten, das Haar wachsen zu lassen, aber sobald es auch nur so lang war, daß es rechts und links über meinen Ohren mittels Zopfspangen zu kleinen Pinseln gerafft werden konnte, setzte sie das ganze mütterliche Folterinstrumentarium von Bitten, Spott und Drangsal ein, bis ich meine Sehnsucht nach den langen Zöpfen aufgab und ihr gestattete, die Haare abzuschneiden; und niemals, sagt Hella, hätte ich danach nicht geweint. Hella hatte sich mit vierzehn Jahren ihren Bubikopf erkämpft und meinen auch. Zöpfe an ihrer eigenen Tochter hätte sie nicht ertragen können. Meine Großeltern reisten in den vierunddreißig Jahren zwischen ihrer Einwanderung und ihrer Ausweisung ein einziges Mal nach Polen. Mein Großvater, der, wie Hella sagt, immer Sinn fürs Neue hatte, steckte seiner Tochter kurz vor der Reise Geld für den Friseur zu. Und meine Großmutter rief bei der Rückkehr in ihrem gebrochenen Deutsch: Jerre eine du, was soviel heißt wie: du Göre, du!

* * *

Um mir das alltägliche Leben meiner Großeltern vorstellen zu können, muß ich vergessen, wie sie gestorben sind. Ich muß mir einreden, sie seien gestorben, wie Menschen eben sterben, an Krankheit, Alter oder durch einen Unfall, zwar zu früh, als daß ich sie hätte kennenlernen können, aber an einem Tod, der im Leben vorgesehen ist. Im Schatten ihres wirklichen Todes hat kein Detail Bestand, es wird banal oder mystisch.

Daß mein Großvater ängstlich war und ungern allein in den Keller ging, mag seinen Kindern noch Anlaß für vorlaute Späße gegeben haben. Aber sein Tod, in dem seine Angst die schlimmste Erfüllung gefunden hat, deutet Ereignisse und Eigenschaften um. Wie unsinnig seine Angst vor dem Keller vielleicht auch war, nachträglich ist es mir unmöglich, ihr nicht eine Ahnung zu unterstellen, in ihr nicht das Erbe uralter jüdischer Erfahrung zu sehen. Aber mein Großvater kannte den Tod, der ihn erwartete, nicht; und er hat – dafür spricht alles, was ich über ihn weiß – gern gelebt.

* * *

Hella sagt, sie hätte eine schöne Kindheit gehabt, eine sehr schöne Kindheit sogar. Ich habe sie um diese Kindheit immer beneidet.

Die wichtigste Kulisse für Hellas Kindheit ist in meiner Phantasie die große Küche der elterlichen Wohnung. 1907 waren meine Großeltern mit ihren Söhnen Bruno und Paul als erste Mieter in das Haus Schillerpromenade 41 eingezogen. 1910 wurde Marta geboren, 1915 Hella, 1941 ich, aber da war Bruno schon gestorben, Paul ausgezogen, und meine Großeltern lebten schon in Kurow. 1947 zogen Marta, Hella und ich um, ein paar Häuser weiter in derselben Straße.

Erst jetzt fällt mir auf, daß es für ein Stadtkind ungewöhnlich ist, im selben Haus aufzuwachsen wie die eigene Mutter. Vielleicht sind mir Martas und Hellas Erzählungen auch darum so lebendig und einprägsam gewesen, weil ich immer genau wußte, wie die Ecken, Höfe, Treppenhäuser und Kellerräume, von denen berichtet wurde, aussahen, wie es darin roch und wie die Geräusche zwischen den Fenstern rund um den Hinterhof hin- und herflogen.

In der Küche meiner Großeltern standen ein rechteckiger, ausziehbarer Eßzimmertisch, eine Schneiderplatte, die Nähmaschine, manchmal, wenn meine Großmutter beim Nähen half, sogar eine zweite, außerdem natürlich der Herd, ein Geschirrschrank und was sonst in eine Küche gehört. Die Wohnung hatte zwei Zimmer, eine Innentoilette, kein Bad. Vom Leben in den Zimmern habe ich keine Vorstellung, in den Zimmern standen die Betten. Hellas Geschichten spielen alle in der Küche.

Mein Großvater stand jeden Morgen als erster auf und servierte jedem seiner Kinder ein Frühstück; für Bruno Tee, Kaffee für Marta, Milch für Hella, Kakao für Paul. Auch als seine Kinder erwachsen, sogar wenn sie arbeitslos waren und er selbst Arbeit hatte, kochte mein Großvater ihnen, sofern sie früh genug aufstanden, ihre Getränke, und das, wie Hella beteuert, nicht nur an den Sonntagen, sondern wirklich an jedem Tag.

Ob der Kakao nicht zu teuer war, frage ich. Hella weiß es nicht, nur daß es Kakao gab, sie glaubt, für Paul.

Wenn ich jemandem von meinem Großvater erzähle, erwähne ich die vier Getränke am Morgen fast immer. Diese Szene aus dem Leben meiner Mutter gehört seit jeher zu meiner Vorstellung von Glück.

Am schönsten, sagt Hella, war es in der Küche an den

Juda Lejb Sendrowitsch Iglarz

Abenden, wenn Tee gekocht wurde. Jeder durfte mitbringen, wen er wollte, ohne vorher zu fragen, Bruno und Paul ihre kommunistischen Freunde, Hella und Marta ihre Freundinnen. In der Küche wurde getanzt, geturnt und über Gott und die Welt geredet, wobei meine fromme Großmutter auf Gott nichts kommen ließ.

Meine Großeltern waren Polen in Deutschland, Baptisten katholischer oder jüdischer Herkunft, sie waren tief religiös und von entschiedener Toleranz. Sie sind unabhängig voneinander sehr jung konvertiert und haben sich in der Baptistengemeinde von Lodz kennengelernt.

Was hat ein des Lesens und Schreibens unkundiges Mädchen vom Lande bewogen, sich seiner strengen katholischen Erziehung zu widersetzen und den Glauben zu wechseln? Warum hat Schloma Iglarz, ein junger Schneider aus einem Nest im östlichen Polen, sich lieber von seiner jüdischen Familie verstoßen lassen als Jude zu bleiben?

Hella kann sich nicht erinnern, daß je darüber gesprochen wurde. Es hätte auch niemand danach gefragt, weder ihre älteren Brüder noch sie selbst. Überhaupt hätte ihr Vater niemals von seiner Familie und seinem Geburtsort gesprochen, aber das sei ihr erst viel später aufgefallen, als sie ihn nicht mehr fragen konnte.

An die Ostrower Zeit meines Großvaters erinnert nur ein Foto. Mein Urgroßvater Juda Lejb Sendrowitsch Iglarz sitzt in dem Fotoatelier von D. Mostowitsch vor einer gemalten Kulisse, einem schweren gerafften Vorhang, auf einem Stuhl aus Bambusrohr; auf dem Bild rechts neben ihm ein kleiner Tisch, darauf ein offenes Buch. Auf dem Buch die Hand meines Urgroßvaters, die vier Finger leicht angewinkelt und dicht beieinander, als hielten sie die Zeile fest, bei der er seine Lektüre für dieses Foto unterbrochen hat. Aber Juda Lejb Sendrowitsch Iglarz konnte nicht lesen, wie die Geburtsurkunde meines Großvaters amtlich bescheinigt. Wenn ich einem Mann mit dem Gesicht meines Urgroßvaters heute begegnete, würde ich ihn wahrscheinlich für einen Bibliothekar halten oder für einen Apotheker, vielleicht auch für einen Künstler, jedenfalls nicht für einen Analphabeten. Er hat einen schwarzen Kaftan an und Stiefel, deren Schäfte sich in weichen Falten zusammenschieben. Sein Bart und die Schläfenlocken sind fast weiß. Auf dem Kopf trägt er ein Barett. Der Mann auf dem Bild hat mir immer Respekt eingeflößt. Er wirkt klug und schön und streng. Er sieht aus, als wüßte er genau, wie er aussehen will, die Augen gerade und ernsthaft auf den Betrachter gerichtet, ein würdiger Mann, der seinen Platz in der Welt kennt. Sooft ich das Gesicht meines Urgroßvaters betrachtet habe, glaubte ich, ein sehr feines Lächeln darin zu finden. Erst seit ich ernsthaft darüber nachdenke, warum mein Großvater seinen Glauben und damit seine Familie verlassen hat, bin ich unsicher, ob das Lächeln nicht eine Täuschung ist. Selbst wenn ich eine Lupe zu Hilfe nehme, kann ich es nicht entscheiden. Manchmal lächelt er, und manchmal lächelt er nicht. Wenn er nicht lächelt, kann ich mir vorstellen, daß er unerbittlich ist, daß sein Ernst und seine Würde von einer Gewißheit herrühren, die ihm als unantastbar gilt.

Ostrow-Mazowiecka liegt ungefähr hundert Kilometer nordöstlich von Warschau, ein ödes Städtchen mit 13 000 Einwohnern. Von den 6000 Menschen, die um die Jahrhundertwende in dem Ort lebten, waren mehr als die Hälfte Juden, die meisten von ihnen kleine Händler und Handwerker. Die Ostrower Schneider, zu denen mein Urgroßvater gehörte, sollen sogar den Warschauer Uniformschneidern Konkurrenz gemacht haben. Mehr Glanz als dieser ist von Ostrow-Mazowiecka, das nach der polnischen Teilung erst unter preußische, dann unter russische Herrschaft gefallen war, wohl nie ausgegangen.

Fotos aus einem Buch in hebräischer Schrift bezeugen ehrbares Kleinstadtleben: eine Schulabgängerklasse, eine Fußballmannschaft aus dem Jahr 1926, zwei mehrsprachige Zeitungen, »Ostrower Leben« und »Ostrower Tribüne«, die Familie Lichtensztejn vor ihrer Eisenhandlung, dürftige Holzhäuser und vereinzelte Bürgervillen.

Heute leben in Ostrow keine Juden mehr. Als wir – Hella, mein Sohn Jonas und ich – im Sommer 1996 dort nach Spuren der Familie Iglarz suchten, kam es uns vor, als hätten wir einen trostloseren Ort nie gesehen.

Hella glaubt, ihr Vater sei zwanzig gewesen oder einundzwanzig, vielleicht auch erst neunzehn, als er Ostrow verlassen hat, also in den Jahren zwischen 1898 und 1900. Sie weiß nicht, ob er im Streit aufgebrochen ist, oder ob er einfach, wie viele Söhne armer Handwerker, in der Stadt sein Glück suchen wollte, wenigstens sein Auskommen. Ich nehme an, daß er Ostrow gern verlassen hat. Auf einem Foto aus dem Atelier Wereschtschagin in Lodz blickt ein sehr junger zarter Mann mit flaumigem Bart auf einen imaginären Punkt links neben der Kamera, als erwarte er etwas aus der Richtung, in die er schaut. Ein bißchen verträumt wirkt der junge Mann und sehr gefaßt. Am Revers seines dunklen Jacketts steckt eine kleine weiße Blume.

Damals muß er meine Großmutter schon gekannt haben, denn von ihr gibt es, ebenfalls aus dem Atelier Wereschtschagin, eine ebensolche, auf feste Pappe gezogene Fotografie. Wahrscheinlich haben sie sich eines Tages beide ihre Festtagskleider angezogen, sind gemeinsam zu Wereschtschagin gegangen und haben sich füreinander

fotografieren lassen. Die Bilder wirken kostbar, Einzelstücke wie Miniaturgemälde; aber Jonas, mein Sohn, der Fotograf ist, sagt, seit 1888 hätte es die Kodak-Box gegeben, und die Fotografie sei um die Jahrhundertwende ihrer Kostbarkeit schon beraubt gewesen. Trotzdem suggerieren die Bilder meiner Großeltern dem Betrachter das Gefühl, etwas Gültiges, nicht Austauschbares zu sehen, was allein schon durch den Ernst der Abgebildeten hervorgerufen wird. Das ist ihr einziges, jeder Beliebigkeit entzogenes Gesicht. So wollten sie vom anderen gesehen werden, so und nicht anders.

Josefa und Pawel haben sich, als sie den Glauben ihrer Vorfahren ablegten, für eine freie Religion entschieden. Baptisten wählen ihren Glauben als Erwachsene, die Gemeinden sind autonom und kennen keine Hierarchie der Ämter. Jeder Gläubige ist berechtigt, die Bibel auszulegen.

Ich nehme an, daß Josefa und Pawel unter der orthodoxen Religiosität ihrer Elternhäuser gelitten haben. Die Ausgrenzung der Ostjuden durch Russen, Polen und Deutsche beantworteten die Juden mit der strengen Abgrenzung gegen die nichtjüdische Welt. Und die bäuerliche Prägung des Katholizismus traf Josefa, die mit vier Jahren ihre Mutter verloren hatte, vermutlich mit der ganzen unbeholfenen väterlichen Strenge.

Einen Glauben oder eine Weltanschauung abzulegen, in denen man erzogen wurde, verlangt mehr als ein gewisses Maß an Mut und Charakterstärke; es erfor-

30

dert eine andauernde intellektuelle und emotionale Anstrengung, denn den Relikten seiner Erziehung begegnet der Mensch, der sich einer solchen Umwandlung unterzieht, noch nach Jahren und Jahrzehnten. Bis in die kleinsten Verzweigungen seines Gedächtnisses finden sich immer wieder frühe Einübungen des Lebens und Denkens, die sich der Überprüfung bis dahin entzogen und darum als gültig fortgelebt haben. Wenn diese Metamorphose zudem den vorhersehbaren Bruch mit allem, was das bisherige Leben ausgemacht hat, bedeutet, mit Eltern, Geschwistern, Freunden und Verwandten, mit der geographischen und der kulturellen Heimat, und wenn sich ein gerade erwachsener Mensch trotzdem dazu entschließt, muß ihm die Welt, mit der er bricht – und ich sage das aus Erfahrung –, etwas angetan haben. Ich selbst war fast vierzig, als ich es aufgegeben habe, die Vermeidung des endgültigen Bruchs zum heimlichen Kriterium meiner Entscheidungen zu machen.

Als Pawel und Josefa sich 1905 entschlossen, nach Deutschland auszuwandern, ließen sie wenig zurück. Ihre Familien hatten sich von ihnen losgesagt, und Lodz, wo Josefa als Dienstmädchen und Weberin arbeitete und Pawel sich als Schneider durchschlug, war neben Warschau der Ort größter sozialer Not und heftiger politischer Unruhen.

Wie heute war Berlin auch damals die erste Stadt in westlicher Richtung, mit der sich Überlebensträume verbinden ließen. Heute würde man meine Groß-

Josefa, Paul, Bruno und Pawel im Volkspark

eltern als Wirtschafts-flüchtlinge bezeichnen. Die religiöse Toleranz, derer sich Preußen seit Friedrichs des Großen Versprechen, es möge ein jeder selig werden nach seiner Façon, rüh-men durfte, mag für ihre Wahl eine Rolle gespielt haben, den Ausschlag aber gab die Hoffnung, diese Millionenstadt hielte auch für sie einen bescheidenen Platz zum Überleben bereit.

* * *

Das Fensterbrett in der Küche war so breit, daß meine Großeltern, wenn sie nähten, darauf sitzen konnten, jeder in einer Ecke. Sie saßen im Fenster, nähten Jackenfutter ein oder hefteten Säume und sprachen miteinander. Eines Tages wurde Hella von einer Nachbarin gefragt, was ihre Eltern sich denn nur im-merfort zu erzählen hätten. Offenbar hatte sie die beiden seit fast zwanzig Jahren im Fenster sitzen se-hen und konnte in ihrem eigenen Leben keine Er-klärung für diese Redseligkeit finden.
Und was haben sie sich denn erzählt, frage ich Hella.
Ja, was werden sie sich erzählt haben, sagt sie, über uns Kinder werden sie sich unterhalten haben und über Politik, sicher auch über Geld, wir hatten ja nie welches.

Haben sie Deutsch oder Polnisch miteinander gesprochen?

Wenn sie allein waren, bestimmt Polnisch.

Also, mein Großvater und meine Großmutter sitzen auf dem Fensterbrett in der Küche ihrer Neuköllner Wohnung. Juscha, sagt mein Großvater, das ist die polnische Koseform für Josefa, Juscha, sagt er. Und was weiter? Ich weiß nicht, wie seine Stimme klingt, ich weiß nicht, wie er aussieht, wenn er lacht, weil es kein Foto gibt, auf dem er lacht. Ich kenne nichts von dem Leben, das ich mir vorstellen will, weder die Armut, noch die Enge, noch die Frömmigkeit. Meine Großmutter hat bis zum Ende gebrochen Deutsch gesprochen und nicht mehr schreiben können als den eigenen Namen. Und Hella erinnert sich an einen Tag, an dem ihre Mutter ihr das Frühstück in die Schule brachte, weil sie erst Garn für Brot hatte tauschen müssen.

Juscha, sagt mein Großvater, gibst du mir bitte mal die Schere?

* * *

Die Schillerpromenade ist eine anheimelnde Straße mit ihrer breiten Grünanlage zwischen den Häuserreihen und der Genezareth-Kirche am Herrfurthplatz, auf dem die Schillerpromenade und die Herrfurthstraße sich kreuzen. Jedesmal wenn ich hier bin, streiten die Bilder in meinem Kopf miteinander. In meiner Erinnerung sind die Häuser höher, die Straßen breiter, die Wege länger; die Bilder der Kindheit drängen sich unbelehrbar durch das, was ich sehe, und sobald ich die Gegend verlassen habe, gelten wieder nur sie. Sie wollen sich nicht korrigieren lassen. Das Pflaster unter meinen Füßen könnte dasselbe sein, an dem ich mir vor mehr als fünfzig Jahren die nackten Zehen blutig gestoßen habe; oder auf dem meine Großeltern vor neunzig Jahren den Umzugskarren von der Weisestraße in die Schillerpromenade gezogen haben; oder auf dem meine Mutter, als sie vier Jahre alt war, von einem Pferdefuhrwerk überfahren wurde.

Ein profaner Ort, zwei Querstraßen vom östlichen Ende des Tempelhofer Flughafens entfernt, mit Kneipen an jeder Ecke und einem Edeka-Markt am Platz, und mir schlägt das Herz schneller, für mich verströmen die Häuserwände Weihevolles, das Geheimnis der eigenen Kindheit und der verschollenen Erinnerungen wölbt einen Raum nur für mich, unsichtbar für die beiden türkischen Mädchen, die gerade aus der Schule kommen, und für den bärtigen Mann, der, eine Einkaufstüte im Arm, umständlich in sein Auto steigt.

Beunruhigen mich die erinnerten oder die vergessenen Tage?

Sind es die Geisterbilder, mein kindliches Ich, das heulend auf dem Rinnstein hockt, das beim Eisladen ansteht, das mit der Schultüte fotografiert wird, das verzweifelt den verlorenen Schlüssel sucht? Oder sind es die dreitausend vergessenen Tage, an denen ich

34

einfach nur gewachsen bin, das Einmaleins und das Alphabet gelernt habe und von denen ich nicht mehr weiß, als daß sie gewesen sein müssen?

Was habe ich am 3. Juni 1945 gemacht? Ich wurde vier Jahre alt, und es war seit drei Wochen Frieden. Mein erster Friedensgeburtstag, an einen solchen Tag müßte man sich doch erinnern können. Aber man kann nicht; er ist verschwunden, mit ein paar tausend anderen Tagen zur Kindheit vermodert.

Als Hella schon lange in einem geräumigen Haus mit sechs oder sieben Zimmern lebte, träumte sie immer wieder, sie müsse zurück in die enge Neuköllner Wohnung, die mit Möbeln, Kartons und Schneidergerätschaft so vollgestopft war, daß man sie nur durch den Schornstein betreten oder verlassen konnte. In ihren Erzählungen ist der Alptraum zur Anekdote geschrumpft: Wenn einer ihrer Brüder seine Freundin erwartete, erbot sich Hella, für den Gegenwert einer halben Sonntagsroulade dem Chaos der Wohnküche eine vorzeigbare Ordnung aufzuzwingen.

Was war das Schöne in deiner Kindheit, frage ich.

Es hat alles so viel Spaß gemacht, sagt Hella.

Ich habe viele Menschen aus der Generation meiner Mutter von der Armut ihrer Kinder- und Jugendjahre erzählen hören. Ich bin unter Kommunisten aufgewachsen, die meisten von ihnen stammten aus Arbeiterfamilien, und fast niemand ist vom sozialen Elend im ersten Drittel dieses Jahrhunderts verschont geblieben. Heute scheint es mir, als hätte niemand so unpathetisch und ohne Wehleid über seine Armut gesprochen wie Hella. Wenn sie die Armut ihrer Familie erwähnte, hieß das immer »obwohl«: Obwohl wir arm waren, haben wir… Bei den anderen hörte ich immer ein »weil«: Weil wir arm waren, konnten wir nicht…

Hella erklärt den Unterschied mit der Abwesenheit preußischer Lebensnormen in ihrer Familie und mit dem polnischen Geschick zu improvisieren. Vielleicht waren Pawel und Josefa auch größerer Not entronnen, so daß ihnen ihr Leben in Deutschland, verglichen mit dem, das sie in Polen erwartet hätte, eher als Glücksfall denn als Grund zur Klage erschien. Armut ist ein so relativer Begriff wie Krankheit; wer nicht daran gestorben ist, kann sich damit trösten, daß es ihm besser ergangen ist als den Toten.

In Neukölln, das bis 1912 Rixdorf hieß, wohnten zu etwa 80% Industriearbeiter. Zwischen 1885 und 1915 war die Bevölkerung auf das Zwölffache angewachsen, von 22 785 auf 268 411. Das Wohnviertel um die Schillerpromenade entstand in den Jahren zwischen 1905 und 1912. Der Anteil von 1–2 Zimmer-Wohnungen betrug 91%. 52% der Rixdorfer Steuerzahler verdienten weniger als 1500 Mark im Jahr. Bei den Wahlen von 1912 wählten 83,3% die SPD.

* * *

36

Vor vierzig Jahren, als ich fünfzehn war und das Jahr 1912 fünfundvierzig Jahre zurücklag, gehörte es für mich zu einem vorzeitlichen Früher, in dem es Könige gab, die Frauen Mieder trugen und die Männer Monokel. Fünfundvierzig Jahre waren dreimal so viel wie mein eigenes Alter, unvorstellbar viel Zeit. Die sechsundachtzig Jahre, die uns inzwischen vom Jahr 1912 trennen, sind nicht einmal mehr das Doppelte meiner Lebenszeit, zwei Drittel davon waren auch meine Jahre. Die Zeit ist vergangen und gleichermaßen geschrumpft. So besehen erscheint es mir plötzlich ganz unbegreiflich, warum uns die Armut jener Jahre in eine gestaltlose Ferne entrückt ist, obwohl sie nicht länger zurückliegt, als durch eigene Erfahrung zu durchmessen ist; warum wir unser Wohlergehen für so normal halten, daß uns Nachrichten aus ärmeren Ländern je nach Temperament in Empörung oder Mitleid stürzen, als wäre es nicht gerade ein paar historische Minuten oder gar Sekunden her, daß auch in Deutschland Säuglinge starben, Kinder unterernährt waren und die hygienischen Verhältnisse zum Himmel stanken.

Anfang oder Mitte der achtziger Jahre – ich lebte noch in der DDR – las ich in einer westdeutschen Illustrierten einen Bericht über die »Neue Armut«. Eine normale Familie mit zwei oder drei Kindern, die durch einen nicht selbstverschuldeten Umstand, ich kann mich nicht erinnern welchen, in diese neue Armut abgestiegen war, berichtete von ihrer Not. Die Kinder konnten nicht mehr jeden Tag ein Eis essen, das Benzingeld, das die Familie erübrigen konnte, reichte nicht mehr für Ausflüge an jedem Sonntag, manchmal wußte man nicht, wovon man die Geschenke bezahlen sollte, wenn die Kinder zu Geburtstagen eingeladen waren; ich weiß nicht mehr, ob auch beklagt wurde, daß es nur noch einmal oder zweimal in der Woche Fleisch gab, auf jeden Fall fiel mir auf, daß jedes der aufgeführten Armutsindizien auch auf mich zutraf, ohne daß ich mich bis dahin jemals als arm empfunden hätte. Vielleicht fehlte in meiner Umgebung der Reichtum, an dem ich mich hätte messen können, wenn ich von Hella und ihrem Mann absah. Die meisten meiner Freunde lebten ähnlich wie ich. Vielleicht aber liegt es auch an Hellas Neuköllner Erzählungen, daß arm für mich auch heute noch arm bedeutet und nicht: ärmer als andere. Arm ist, wer Mangel an Notwendigem leidet, an Nahrung, Wohnraum, Bildung, medizinischer Versorgung, Kleidung.

Die materielle Kärglichkeit der DDR wäre zumutbar gewesen, hätte sie die Freiheit der Wahl gelassen, statt ein kleinbürgerliches Lebensideal zum Maß für alle zu erheben, und wäre nicht jedes Ding vom Wohnhaus bis zum Wasserglas dem Diktat des schlechten Geschmacks unterworfen gewesen. Wem die Kleinbürgerlichkeit angemessen war und der schlechte Geschmack zu eigen, konnte sich als wohlhabend empfinden, vorausgesetzt, er hatte seinen Platz in der Diktatur gefunden, ohne sich täglich an ihr zu stoßen.

Ich frage mich, ob unser heutiges Glücksverständnis eine schöne Kindheit in Armut, selbst wenn die Armut keine existentielle Bedrohung darstellt, nicht von vornherein ausschließt; ob Hellas Bekenntnis zu ihrer Kindheit nicht der Verklärung verdächtigt wird, weil wir uns nicht mehr vorstellen können, woraus sich der Spaß, den ihr alles gemacht hat, ohne Geld gespeist haben sollte.

* * *

Im März 1942, Pawel und Josefa lebten noch gemeinsam in Kurow, und ich war neun Monate alt, schrieb Hella an ihre Eltern: »Wenn die Moni will, soll sie zur Sonntagsschule gehen, ich halte sie weder davon ab noch dazu an. Sie wird ja mal ein eigener Mensch sein. Wenn …« Die folgende Seite des Briefes fehlt. Offenbar hatten sich meine Großeltern um meine religiöse Erziehung gesorgt und Hella befragt, wie sie es damit halten wolle. Alle Iglarzschen Kinder mußten bis zu ihrem vierzehnten Lebensjahr den Kindergottesdienst der Baptistengemeinde, die Sonntagschule, besuchen, und meine Großeltern schienen geahnt zu haben, daß Hella diesen einzigen Zwang, den sie in ihrer Erziehung erfahren hatte, an ihre Tochter nicht weitergeben würde. Dabei wäre ich gern in die Sonntagsschule gegangen. Die Kinder aus unserem Haus hatten mich einmal zum protestantischen Gottesdienst mitgenommen, man bekam da hübsche Bilder geschenkt. Seitdem ging Hella an jedem Sonntag vormittag mit mir spazieren, und da ich sie in der Woche selten sah, ging ich wohl ohne weitere Klage mit. Ich nahm auch nicht am Religionsunterricht in der Schule teil, weder in Neukölln noch später im Prenzlauer Berg. Als Hella eingeschult wurde und von der Lehrerin nach ihrer Konfession befragt wurde, antwortete sie: Mein Vater ist Jude, meine Mutter ist Katholikin, wir Kinder sind Baptisten, worauf Josefa in die Schule bestellt wurde, um den religiösen Wirrwarr der Familie aufzuklären. Wenn ich gefragt wurde, ob ich katholisch oder evangelisch sei – evangelisch waren alle, und Katholiken waren falsch –, sagte ich, ich sei gar nichts, und die anderen sagten: du bist Heide. Ich weiß nicht mehr, ob ich meine Religionslosigkeit als Mangel empfunden habe, oder ob ich mich, was möglich ist, nur für aufgeklärter und fortgeschrittener hielt als alle anderen, wir waren Kommunisten, und Kommunisten glauben nicht an Gott. Aber an den mitleidigen, zugleich lüsternen Tonfall, in dem eine dickliche Christa aus dem Nachbarhaus das Wort Heide aussprach, kann ich mich erinnern.

Daß Hella, als ich meinen Atheismus auf dem Schulhof verteidigen mußte, noch heimlich betete, erfuhr ich erst während unserer Reise nach Ostrow-Mazowiecka. Zu viert waren wir den ganzen Tag durch die Stadt gelaufen – Hella, Jonas, unsere Dolmetscherin Agnieszka, die sich lieber Agnes nennt, und ich – und hatten gierig nach einem Signal gesucht, nach einer

Schrift, einem Bild, einem Ton, dem unbestimmten Anfang einer Spur, die uns in die Nähe von Lejb Sendrowitsch und Schloma Iglarz führen könnte. Nur das unsinnige weiße Haus hatten wir gefunden. Es stand auf einer trapezförmigen Wiese, die wie ein Dorfanger zwischen zwei mit kleinen Holzhäusern bebauten Straßen lag. Ein halbverfallener, eingeschossiger Bau, dem nicht anzusehen war, welche Bestimmung ihm je zugedacht war, ob ihm überhaupt je eine Bestimmung zugedacht war. Die Türen und Fenster zerbrochen oder nicht vorhanden. Eine Kuh graste vor dem Haus. Wir standen in der Ulica Broniewskiego, und dort sollten, wie ich schon in Berlin erfahren hatte, Überreste des jüdischen Friedhofs zu finden sein. Wir liefen ans andere Ende der Straße, vorbei an einem riesigen, eingezäunten Sandplatz, den wir bereit waren, für den Friedhof zu halten, ohne daß er auch nur entfernt an einen Friedhof erinnert hätte. Von einem freundlichen jungen Mann, einen freundlicheren haben wir in Ostrow nicht mehr getroffen, der vor einem Haus mit seinem Kind spielte, erfuhren wir, daß der Sandplatz der Marktplatz ist, auf dem auch mit Vieh gehandelt wird. Aber dahinter, am Ende der Straße, da, wo das weiße Haus steht, da war einmal der Friedhof. Die Deutschen hatten ihn zerstört. Und in den achtziger Jahren, Anfang der achtziger Jahre, der Mann war damals Lagerarbeiter in der Broniewskiego, wurde das weiße Haus gebaut. Damals hat er selbst gesehen, wie sie das Fundament ausgehoben und dabei die Skelette mit dem Bagger aus dem Boden gezogen haben.

Ob es noch Juden gäbe in Ostrow, fragten wir den Mann. Das wisse er nicht, er selbst kenne aber keinen. Seine Mutter hätte einen Juden gekannt, er hieß Buleczko. Aber der sei in den sechziger Jahren nach Israel ausgewandert oder nach Amerika, oder sein Sohn sei ausgewandert, er wisse es nicht genau.

Beim Abendessen sagte Jonas, vielleicht wüßten die Katholiken ja nicht, daß es für die Juden das Schlimmste sei, die Toten zu bewegen; und Agnes sagte, Friedhöfe seien auch den Katholiken heilig. So kamen wir auf die Religion.

Welche Rolle die Religion in ihrem Gefühlsleben heute spielt, fragte ich Hella und erinnerte, als sie mit der Antwort zögerte, an den 3. Juni 1988, den Tag meiner Ausreise aus der DDR. Wir – Jonas, mein damaliger Ehemann und ich – zogen, ausgestattet mit einem Visum für drei Jahre, nach Hamburg, und es war nicht sicher, ob man uns während dieser Zeit ungehindert ein- und ausreisen lassen würde. Zum Abschied suchte Hella nach einem Wunsch, den sie mir auf den Weg geben wollte. Sie kam mir noch kleiner vor als sonst, und ihre Augen erinnerten mich an Elefantenaugen, wie immer, wenn sie traurig ist. Es war ein feierlicher und anachronistischer Augenblick, denn die Ferne, in die wir zogen, gibt es im Zeitalter der Luftfahrt eigentlich gar nicht mehr, zumal das Ziel unserer Reise nur dreihundert Kilometer entfernt lag. Aber Hella stand vor mir wie eine Mutter, die ihren Sohn auf eine Weltreise verabschiedet und weiß, daß eine Nachricht von ihm, auch die von seinem Tod, Monate oder Jahre brauchen würde, um sie zu erreichen; oder die ihre Tochter in die Fremde verheiratet, ohne zu wissen, ob sie sie wiedersieht. So war auch der Satz, den sie mir mitgab: Gott beschütze dich, sagte sie. Ich war siebenundvierzig Jahre alt und hatte diesen oder einen ähnlichen Satz von meiner Mutter nie gehört. Wenn sie in meiner Gegenwart Gott angerufen hatte, dann nur im allerweltlichsten »Gottseidank«.

Ich erinnerte sie also an ihren frommen Wunsch (den Gott so ernst genommen hat, daß er gleich die ganze DDR verschwinden ließ), aber meine Vermutung, Rudimente ihrer kindlichen Frömmigkeit hätten vierzig Jahre Parteilehrjahr überlebt, wehrte Hella ab. Das sei eben ein Satz, den man landläufig sagt, wenn man dem anderen das Allerbeste wünscht, eine Formel, die an diesem Tag für sie einen Inhalt hatte. Aber mit Glauben und Gott hätte es nichts zu tun gehabt.

Ich bin nicht mehr gläubig, sagte Hella und erzählte uns, wie sie sich im Jahr 1950 als Schülerin der SED-Parteihochschule das Beten abgewöhnt hat. Bis dahin betete sie, wie sie es gewöhnt war, jeden Abend, und weil ihre Genossen davon nichts wissen durften, betete sie heimlich unter der Bettdecke. Tagsüber übte sie sich in materialistischem Denken, und nachts erbat sie Gottes Schutz. Sie fand das widersinnig. Nicht, daß der

Marxismus oder die Geschichte der KPdSU sie davon überzeugt hätten, daß sie nun nicht mehr beten dürfe, aber sie fühlte sich gespalten, uneins mit sich selbst, und da sie an Gott und der Religion schon lange zweifelte, entschied sie, Schluß zu machen mit dem Beten. Angstvoll, sagte sie, wirklich angstvoll hätte sie mit dem Entzug begonnen. Sie war nicht sicher, ob es richtig sei und ob man nicht dafür bestraft würde.

Aber warum hat sie, wenn sie so unsicher war, meine gottlose Erziehung riskiert und mich sogar davon abgehalten, in die Sonntagsschule zu gehen?

Sie wollte nicht, daß ich abhängig werde wie sie und eines Tages nicht mehr davon loskomme, vom Beten und dem lieben Gott, sagte Hella. Sie wollte mir nicht antun, was man ihr damit angetan hatte.

Ich habe Jonas, als er elf Jahre alt war, in einer kleinen Dorfkirche im Oderbruch taufen lassen, damit er sich, falls er später den Wehrdienst verweigern wollte, auf religiöse Gründe berufen könnte. Den Pfarrer kannte ich, weil er mich zu meiner ersten Lesung in seine Gemeinde eingeladen hatte. Am Ostersonntag fuhren wir in das Dorf, und Jonas wurde, gemeinsam mit Kindern aus dem Ort, feierlich und öffentlich getauft. Die Taufurkunde wurde uns nie zugestellt, und als Jonas sie nach 1990 anforderte, erfuhren wir, daß seine Taufe im Taufregister nicht verzeichnet war.

* * *

44

Anfang der zwanziger Jahre planten Pawel und Josefa, mit ihren vier Kindern nach Amerika auszuwandern. Eine Freundin Josefas aus der Lodzer Zeit, die einen Amerikaner geheiratet hatte oder mit ihrem polnischen Mann in Amerika lebte, hatte offenbar so Aussichtsreiches zu berichten, daß selbst die bodenständige und seßhafte Josefa einem neuerlichen Aufbruch zustimmte. Allen Auswanderungsplänen ihres Mannes, der mal nach Amerika ziehen wollte und mal nach Rußland, wobei er sich vor Rußland selbst fürchtete, hatte sie bis dahin widerstanden. Wodurch die Freundin sie hatte umstimmen können, weiß Hella nicht, nur daß die Freundin nicht unwesentlich älter war als Josefa und diese von ihr als einer mütterlichen Freundin sprach. Vielleicht war sie Baptistin, und vielleicht war sie es auch, die Josefa mit den Baptisten bekannt gemacht hatte. Jedenfalls kann Hella sich erinnern, wie eines Tages in einer offenen Pferdedroschke der Onkel aus Amerika in die Schillerpromenade einfuhr. Hella bekam eine Tafel Schokolade, und ihre Eltern besprachen mit dem Onkel die bevorstehende Übersiedlung nach Amerika.

Einziges Zeugnis dieses ungeheuren Vorhabens, das kurz darauf schicksalhaft scheiterte, ist ein Familienfoto, das der amerikanischen Einwanderungsbehörde oder einer anderen genehmigenden Institution zugesandt werden sollte. Dieses Foto habe ich schon als Kind geliebt, wahrscheinlich weil meine Mutter, die darauf erst fünf oder sechs Jahre alt ist, so hübsch,

Josefa, Marta, Hella, Bruno, Paul und Pawel

wenn auch deutlich miß-
launig aussieht. Hella erinnert sich, daß sie für
den Fotografen so lange
auf ihrem Bein hatte sit-
zen müssen, bis es ihr ab-
gestorben war. Sie hat,
wie Marta, ein weißes Kleid an und eine große Schlei-
fe im langen, am Hinterkopf lose gebundenen Haar.
Bruno und Paul tragen Anzüge und Krawatten. Hella
sitzt in der Mitte des Bildes, links von ihr Josefa, rechts
Pawel, dahinter in einer Reihe Marta und die beiden
Brüder. Vielleicht aber habe ich damals schon die unbestimmte Sehnsucht verspürt, die mich heute heim-
sucht, wenn ich mir das Bild lange genug ansehe; so
wie ich vom fahrenden Zug aus sehnsüchtig irgend-
welchen kleinen Ortschaften nachschaue, die sich in
Mulden oder an Waldränder schmiegen und heimelig
durch den Abendnebel leuchten. Dann wünsche ich
mich in diesen Ort, dessen Namen ich nicht einmal
kenne, als wüßte ich nicht, daß die Glücksverheißung
zerstiebt, sobald ich die erste Tür öffne. Und auch
beim nächsten Mal, wenn solch ein schutzversprechen-
des Menschennest an mir vorübergleitet, werde ich für
Minuten dem Verdacht erliegen, dort sei etwas zu finden, das ich irgendwie und insgeheim – vielleicht so
wie Hella unter der Bettdecke betete – vermisse.
Obwohl die sechs Personen auf dem Foto keinen
Blick aufeinander richten, sondern gerade in die Ka-

46

mera schauen, und obwohl ich weiß, daß die choreographische Geschlossenheit der kleinen Gruppe dem Fotografen zu verdanken ist, wirken sie auf mich einander so verbunden, einer so gesichert durch den anderen, daß mich bei ihrem Anblick das schon erwähnte irrationale Heimweh überkommt. Vielleicht sehe ich ja auch nur, was ich über die sechs weiß, weil Hella es mir erzählt hat, und ein unvoreingenommener Betrachter könnte in dem Bild nichts erkennen als ein übliches Familienfoto aus dieser Zeit. Trotzdem: ich bin entzückt von der Eleganz, mit der Pawel seinen Arm über die Tischecke neben seinem Stuhl legt, von der kleinen Anspannung in Josefas scheinbar ruhenden Händen, als wollte sie sich im nächsten Augenblick damit abstützen, um aufzustehen und zu sagen: So, Kinder, jetzt wurden wir aber lange genug fotografiert. Ich bin geradezu stolz auf ihre schönen Kleider, die den Gedanken an Armut nicht aufkommen lassen, und auf den undemütigen, aufbruchbereiten Ausdruck in ihren Gesichtern. Eine Einwanderungsbehörde hätte verrückt sein müssen, diese Familie abzuweisen.

Inmitten der Vorbereitungen für die große Reise traf, statt der Einreisebewilligung, die Nachricht vom Tod des Onkels ein, der gerade noch mächtig und märchenhaft in der Schillerpromenade vorgefahren war. Allein durfte oder konnte Josefas Freundin die geforderte Bürgschaft für die sechsköpfige Familie nicht übernehmen.

Es scheint, als sei Pawels Ausreiselust damit erschöpft gewesen und von ihm selbst unter die unerfüllbaren Träume abgelegt worden. »Ich würde ja gern auf Wanderschaft gehen, aber du packst mir ja nie meine Wäsche«, hat er manchmal zu Josefa gesagt. In den Sommermonaten besuchte er sonntags mit dem Fahrrad die Gartenbesitzer unter seinen Freunden. Aber zum Mittagessen kam er wieder nach Hause, meistens mit Blumen oder Obst im Arm, erzählt Hella.

* * *

Wenn ich einen Satz finden will, von dem ich mit Gewißheit annehmen darf, daß meine Großeltern ihn gekannt und ausgesprochen haben, muß ich ihn in der Bibel suchen. Das Leben meiner Großeltern ist ohne die Bibel nicht denkbar. Ich selbst war schon erwachsen, als ich zum ersten Mal in der Bibel las, und sie ist für mich niemals etwas anderes gewesen als Literatur. Für meine Großeltern, besonders aber für Josefa, war sie wohl etwas Lebendiges, das ihnen half, ihren Weg durchs Leben zu finden, das sich befragen ließ und der eigenen inneren Stimme die Worte lieh. Bibeln lagen bei uns rum wie Sand am Meer, sagt Hella, Bibeln mit bunten Bildern, mit schwarzweißen Bildern, Bibeln ohne Bilder, ich weiß gar nicht, wo die alle geblieben sind.
Habt ihr vor den Mahlzeiten gebetet?
Bei ihnen sei irgendwie alles anders gewesen, eigent-

lich hätten sie nur sonntags alle gemeinsam gegessen, aber gebetet hätten sie auch dann nicht, sagt Hella, und ich merke, daß eine andere Antwort mich enttäuscht hätte. Die Erinnerung an Mahlzeiten, vor deren Beginn ein Vater oder eine Mutter mit sanfter Stimme und schon gesenktem Blick das gemeinsame Gebet anmahnte, ist für mich bis heute mit einem Gefühl quälender Peinlichkeit verbunden, als hätte ich andere bei intimsten Handlungen beobachtet oder schlimmer: als sei ich von ihnen gezwungen worden, sie dabei zu beobachten. Die Frömmigkeit meiner Großeltern kannte kaum Rituale, aber klare Gebote. Kino und Rummel waren als zu weltliche Vergnügungen untersagt. Als Hella, das Verbot mißachtend, doch einmal mit den anderen Kindern auf den Rummel ging, konnte sie kein Vergnügen daran finden, weil sie wußte, daß der liebe Gott alles und damit auch sie auf diesem Rummel sah und daß er ihr Tun, das zudem eine Lüge gegenüber ihren Eltern enthielt, streng mißbilligte.

Sie glaube, sagt Hella, das Lügen, auch das einfache, fast unvermeidliche Lügen fiele ihr bis heute schwerer als den meisten anderen Menschen; für sie sei es immer eine Todsünde geblieben. Im ersten Brief des Paulus an die Korinther finde ich zwei Sätze, die mir für meine Großeltern passend erscheinen:

»Wachet, steht im Glauben, seid mutig und seid stark!
Alle eure Dinge laßt in der Liebe geschehen!«
Vielleicht wähle ich diesen Satz auch nur, weil er mir
selbst gefällt. Ich stehe zwar nicht im Glauben, aber
ich wollte immer mutig und stark sein. Und alle Dinge in der Liebe geschehen lassen, finde ich schon darum sinnvoll, weil sie so mehr Spaß machen, vor allem
aber, weil ihnen im Zeichen der Liebe immer die Frei-
willigkeit anhaftet.
Es gab bei ihnen wenig Zwänge und Regeln, erzählt
Hella, und manche hätte sie sogar vermißt. Es sei ihr
zum Beispiel vornehmer und feiner vorgekommen,
wenn ihre Freundinnen, ehe sie zum Spielen auf die
Straße gingen, fragten: »Mutti, darf ich runterge-
hen?«, während sie selbst nur rufen mußte: »Mama,
ich geh jetzt« und dabei schon die Wohnungstür hinter sich ins Schloß zog.
Es fällt mir schwer, die Idylle, die mir aus Hellas Erzählungen entsteht, nicht zu attackieren. Kann überhaupt
eine Kindheit so ungetrübt gewesen sein? Eltern so
makellos? Hella war vierundzwanzig Jahre alt, als Josefa und Pawel ausgewiesen wurden, und sechsundzwan-
zig, als sie starben. Haben ihr gewaltsamer Tod und
die furchtbaren Jahre, die Hellas Kindheit folgten, die
frühen Erinnerungen nicht paradiesisch verklärt und
unantastbar gemacht? Vielleicht; vielleicht aber auch
nicht.
Wenn ich Hellas Briefe an ihre Eltern in Polen lese,
muß ich ihrer Erinnerung trauen. »Liebe kleine

Mama« oder »Liebe kleine Mamuschka« beginnen fast alle.

Erst während ich ihre Briefe lese, wird mir bewußt, daß ich meine Mutter nie als Tochter erlebt habe. Jonas kennt mich als Mutter und zugleich als das Kind seiner Großmutter; mir ist diese Dialektik familiärer Kontinuität vorenthalten geblieben. Nachträglich schaffe ich mir nun die Bilder, an die ich mich, wären meine Großeltern nicht ums Leben gekommen, erinnern könnte, statt sie zu erfinden.

»Meine liebe kleine Mama«. Hellas Schrift ist die gleiche wie heute noch, vielleicht ein bißchen steiler, aber nur ein bißchen. Fast immer schreibt sie, wie gut es Marta, Paul und ihr geht, was sie gekocht und wen sie getroffen haben, wer grüßen läßt und was sie mit dem nächsten Päckchen schicken werden. Und auch das: »Die Hoffnung auf ein Wiedersehen dürft Ihr nie verlieren. Wir glauben so fest daran und sowie der Krieg aus ist, wird sich auch Gelegenheit dazu bieten. Seid also nie traurig, es wird sich schon noch alles regeln. Dann seid Ihr eben mal ein Jahr von uns weggewesen und wir wissen umso besser, was uns unsere Eltern bedeuten… Ich habe ja soviel Hoffnung. Und wenn Mama zweifelt, dann schnauze sie tüchtig an, Papa, ein gesunder Optimismus gehört zum Leben, auch wenn man viel Nackenschläge gehabt hat, wie wir.«

Aus dem eigenen Leben wird nur das Leichte und Erfreuliche berichtet. Hella bekommt von ihrer Firma zu Weihnachten Gemüse, Obst und Huhn in Konserven. »Ist das nicht herrlich!« Für Paul kochen die Schwestern sein Lieblingsessen. »Er hat nicht gegessen, sondern gefressen.« Martas Freund Hans hat Arbeitsurlaub von der Front. Die Tommys waren gnädig, und es gab schon um halb elf Entwarnung. Fast in jedem Brief wird ein Päckchen oder eine Geldsendung angekündigt: Schuhe für Mama, Zigaretten für Papa, Garn, Futter, ein Stück Stoff für einen Rock, 5,– RM oder 10,– RM. Manchmal auch überschwenglicher Dank für ein Stück Butter, das die Eltern aus Polen geschickt haben.

Das Wort Gott finde ich in Hellas Briefen nicht, nur Hoffnung, immer wieder Hoffnung, als wäre alle kindliche Frömmigkeit zur Hoffnung auf eine Wende zum Guten geschrumpft.

* * *

Zwischen der Geschichte, die ich schreiben will, und mir stimmt etwas nicht. Welches Thema ich auch anrühre, nach fünf oder vier, manchmal sogar nach zwei Seiten schmeißt mich die Geschichte oder schmeiße ich mich aus dem Buch wieder raus. Als hätte ich darin nichts zu suchen; als wäre meine Absicht, aus den Fotos, Briefen und Hellas Erinnerungen die Ahnung vom Ganzen zu gewinnen, vermessen für einen Eindringling wie mich. Das einfache Leben meiner Großeltern und ihrer Kinder, von welcher Seite ich mich ihm auch nähere, gerinnt mir zur Idylle, und schon verbietet sich der nächste Satz. Es ist nicht nur der unabwendbare Ausgang der Geschichte, der mir diese sprachlose Verehrung aufnötigt; auch nicht, daß mein Großvater Jude war. Er wurde als Jude geboren, er ist als Jude gestorben, aber er hat nicht als Jude gelebt. Außerdem sind mir Leute, die sich das Wort Jude wie die Oblate beim Heiligen Abendmahl auf der Zunge zergehen lassen, herzlich unsympathisch. Aber wenn nicht der Tod und wenn nicht das Jüdische, was dann; was bestreitet mir immer wieder meine Zuständigkeit, von der ich so überzeugt war?

Vielleicht ist es meine eigene Rührung, die mir verdächtig erscheint, denn nichts von dem, was mich am Leben meiner Großeltern bis zu Tränen rührt, schien mir brauchbar für das, was ich im Leben vorhatte. Nicht die einzige Ehe, die nur der Tod hätte scheiden dürfen, nicht vier Kinder, denen ich mein Leben gewidmet hätte, nicht die Gläubigkeit in die Worte des Herrn. Jetzt, da sich das Maß an Glück, das zu empfangen und zu vergeben ich imstande war, langsam erahnen läßt, würde ich zwar immer noch die gleiche Wahl treffen, aber nicht ohne zu bedauern, daß ich für eine andere so wenig geeignet bin.

Welche Rolle maße ich mir an, indem ich eine Lebensform preise, die ich für mich selbst verwerfe? Seit zehn Seiten wage ich nicht zu schreiben, daß meine Großeltern ihre Kultiviertheit der Religion verdankten, obwohl ich mir die Klarheit und Festigkeit ihrer Lebensführung anders nicht erklären kann.

Josefa

Josefa und Pawel luden in Abständen baptistische Freunde zum Bibelgespräch oder zum gemeinsamen Gesang ein. Auch ein judenchristlicher Kreis, also zum Christentum konvertierte Juden wie Pawel, fand sich hin und wieder in der Neuköllner Wohnküche zusammen. Hella spricht von einem regen christlich-geistigen Leben, das sich um sie herum abgespielt hat. Und an jedem Sonntag nachmittag wusch Josefa sich mit Kernseife den Küchendunst vom Körper, zog ihr Festtagskleid an und ging zum Gottesdienst in die Baptistengemeinde. Hella kann sich nicht erinnern, ob Pawel sie regelmäßig begleitet hat. Eigentlich, sagt sie, sehe ich nur, wie meine Mutter feingemacht durch die Schillerpromenade läuft.

War deine Mutter glücklich?

Glücklich? Ist schwer zu sagen, wenn Menschen mit soviel Arbeit und Alltagssorgen belastet sind. Aber sie war so eine Mutter, mit ihren Kindern war sie bestimmt glücklich. Und mit ihrem Mann kam sie auch gut zurecht. Sie waren ja sehr verschieden, aber irgendwie doch ganz eins.

Hella erinnert sich an einen Abend, an dem sie mit Josefa allein zu Hause war. Josefa und ihr jüngstes Kind blieben oft allein, während Pawel und die älteren Geschwister ihre Interessen und Vergnügungen

54

außerhalb der eigenen vier Wände suchten. Pawel war Mitglied in der Gewerkschaft, im Bund deutscher Radfahrer, später trat er in die Kommunistische Partei ein. Er war ein neugieriger und geselliger Mann, der viele Leute kannte und immer noch andere kennenlernte. An diesem späten Abend, der Hella im Gedächtnis geblieben ist, kochte Josefa sich eine Tasse Kaffee, bestrich sich eine Scheibe Weißbrot sorgfältig mit Butter, so daß kein Millimeter unbedeckt blieb, und sagte: Solange man das hat, ist alles gut.

Woran man sich so erinnert, sagt Hella.

Schon wieder die Idylle? Oder die fatale Asymmetrie der Begriffe? Was verstehe ich von einem Glück, das sich im Überleben erfüllt?

Außer dem Brief an ihren Mann, den Josefa einen Tag vor ihrem Tod diktiert hat, gibt es kein Zeugnis, in dem sie über sich selbst Auskunft gibt. Ich weiß über sie nur, was ich den Briefen der anderen über sie entnehme und was Marta und Hella mir erzählt haben.

Sie war so eine Mutter, sagt Hella; nicht, sie war eine Mutter, was ja auch schon mehr bedeutet als: sie war eine Frau mit Kindern; auch nicht: sie war eine gute Mutter, sondern: sie war *so* eine Mutter. Heißt das: *so* eine Mutter wie wir, Hella und ich, es nie waren? Ist *so* eine Mutter das, was wir alle haben wollen und nicht mehr sein? Vielleicht wird man *so* eine Mutter nur, wenn die Alternative in einem Leben als Dienstmädchen oder Hilfsarbeiterin besteht?

Wir wissen nicht, ob Josefa glücklich war, und es ist

ungewiß, ob ihr jemals, vielleicht abgesehen von Pawel in der Zeit der Verliebtheit, diese Frage gestellt wurde. Hella jedenfalls sagt, daß sie selbst, bevor ich es von ihr wissen wollte, nie darüber nachgedacht hat, ob ihre Mutter glücklich war. Josefas Zufriedenheit wurde vorausgesetzt und von ihr, soweit Hella sich erinnern kann, auch niemals dementiert. Zu vermuten ist, daß sie Heimweh hatte; weniger nach dem armseligen Dorf, aus dem sie kam, als nach der offenen, weit überschaubaren östlichen Landschaft, nach Feldern und Wald, nach Sand und Wiese unter den nackten Fußsohlen. Jeden möglichen Platz in der engen Wohnung hatte sie mit Pflanzen bestellt. Selbst in der Speisekammer stand ein Tisch mit kleinen Töpfen und Gläsern, in denen Ableger Wurzeln trieben. Wenn sie auf der Straße eine abgebrochene Pflanze fand, brachte sie sie mit nach Hause und verhalf ihr zu neuem Leben. Sie konnte zehn verschiedene Sorten Klöße kochen, nähen, stricken, Kinder erziehen, und sie konnte alles, was Pawel nicht konnte: die Wohnung renovieren, Nägel in die Wand schlagen und mit einer Axt umgehen. Ihr Vater hätte außer nähen gar nichts gekonnt, sagt Hella, nur nähen und ein bißchen Zither spielen.

Vielleicht war Hella das glücklichste der vier Iglarzschen Kinder; nicht nur, weil sie das jüngste war, sondern auch weil ihr, als sie vier Jahre alt war, ein Pferdefuhrwerk eine Niere zerquetschte, einen Gesichtsnerv und die rechte Hand so schwer verletzte, daß sie noch jahrelang elektrotherapeutisch behandelt werden mußte. Es kam mir oft so vor, als hätte die Sonderstellung, die ihr dieser Unglücksfall innerhalb der Familie einbrachte, ihr Selbstverständnis für den Rest ihres Lebens geprägt.

Meine Tante Marta jedenfalls hatte noch mit siebzig Jahren Tränen in ihren hellblauen Augen, als sie mir erzählte, wie ihre Schwester, meine Mutter, ihr mehr als fünfzig Jahre zuvor ein Rendezvous vereitelt hatte.

Wie hat sie das gemacht, fragte ich.

Sie hat mich nicht aus der Wohnung gelassen, sagte Marta und weinte nun richtig. Hella hätte so lange geheult und geschrien, bis Josefa entschied, dann müsse Marta eben zu Hause bleiben. Damals war Marta sechzehn und Hella zehn. Wäre Marta nicht überzeugt gewesen, daß sich zeitlebens an diesem Kräfteverhältnis zwischen Hella und ihr nichts geändert hat, hätte sie, siebzigjährig, darüber nicht mehr weinen müssen. Natürlich denkt Hella darüber anders. Aber Marta sah es so.

Die bleichhäutige, schwächliche Marta mit den roten Haaren war Pawels Tochter; die hübsche, robuste Hella, die, abgesehen von ihrem Unfall, einem Ischiasanfall und einer Blinddarmoperation, erst mit achtundfünfzig Jahren erfuhr, was Krankheit bedeutet, war Josefas Kind. Ich weiß nicht genau, wie alt ich war,

als mir Martas Ähnlichkeit mit einer Häsin auffiel, aber da der Vergleich sich eher durch Martas Wesen als durch physiognomische Details aufdrängte, nehme ich an, daß ich schon ein älteres, solcher Wahrnehmungen fähiges Kind war. Hasenähnlichkeit des Menschen assoziieren wir meistens beim Anblick zu lang geratener Schneidezähne; Martas Hasenhaftigkeit aber lag in ihren Augen, in ihrem wehrlosen, duldsam den Schreck erwartenden Blick. Wahrscheinlich habe ich ihr irgendwann gesagt, daß sie wie ein Hase aussieht, und wahrscheinlich hat es sie gekränkt. Bis 1953 lebten Marta, Hella und ich in einer Wohnung, die letzte Zeit mit Hellas neuem Mann. Hella war inzwischen Redakteurin beim »Neuen Deutschland«, studierte nebenbei Journalistik, und Marta führte uns allen den Haushalt wie in den Jahren zuvor, als wir noch zu dritt lebten. Hella hatte einen Mann, Marta einen Schwager; Hella hatte eine Tochter, Marta eine Nichte; ich hatte keinen Vater, aber zwei Mütter. Eines Tages wünschte Marta sich eine eigene Wohnung und einen eigenen Beruf und zog aus. Damals behaupteten alle, es läge an mir, ich sei zu frech geworden für Marta.

Marta arbeitete zuerst in der Aufnahme eines Krankenhauses, später als Einkäuferin in der »Liga für Völkerfreundschaft«, deren internationale Unternehmungen vermutlich so verdächtig waren wie der Name klingt, was Marta mir aber nie glauben wollte. Sie wohnte in einer kleinen Einzimmer-Wohnung,

zehn Minuten Fußweg von dem zweigeschossigen Ein-
familienhaus entfernt, in dem Hella nun lebte, und
verdiente niemals mehr als sechshundertdreißig Mark
im Monat. Jeden Sonntag nachmittag besuchte sie
ihre Schwester und deren Mann Karl.

※ ※ ※

Wie soll ich mir meinen Großvater als Mitglied der
Kommunistischen Partei vorstellen?
Alles andere ist leichter: Pawel, fromme Lieder singend, im Kreise der Baptisten, Pawel auf der sonntäglichen Fahrradtour oder nähend oder Zither spielend.
Aber Pawel, der mir immer als gutmütig und sanft, nur
gelegentlich, wenn seine natürliche Gutmütigkeit ihm
übermäßige Nachsicht abverlangte, auch als jähzornig
geschildert worden war, dieser Pawel als Glied einer
straff organisierten Parteigruppe; als einer, der in Sozialdemokraten Sozialfaschisten erkennt; dessen Genossen sich Saalschlachten mit den Nazis liefern?
Hella sagt, ihr Vater hätte zwischen seinem kommunistischen und seinem religiösen Bekenntnis keinen
Widerspruch empfunden, beider Ziele seien ihm
identisch gewesen. Von dem Pfarrer der Neuköllner
Baptistengemeinde erfahre ich aber, daß Paul Iglarz
am 1. Mai 1929 auf eigenen Wunsch aus dem Gemein-
deregister gestrichen wurde. Ob er glaubte, diese Entscheidung sich selbst schuldig zu sein, oder ob sie ihm
von der einen oder von der anderen Gemeinschaft

Pawel im Radfahrverein

abverlangt worden war, bleibt ungewiß. Hella hat ihren Vater unverändert gläubig erlebt, und in der polizeilichen Abmeldung am 28. Oktober 1938, in der das Ziel des Umzugs zunächst als »unbekannt« bezeichnet und dann durch das Wort »Kreuz« ersetzt wurde, gab Pawel unter der Rubrik »Bezeichnung des religiösen Bekenntnisses« an: Baptist.

Vielleicht aber beruht diese Angabe nur auf einem Irrtum, denn das Formular wurde, wie die Handschrift bezeugt, von Hella ausgefüllt, die von Pawels Streichung aus dem Register der Neuköllner Baptistengemeinde nichts wußte. An der unbeirrten Gläubigkeit ihres Vaters zweifelt Hella aber nicht, und somit habe ich keinen Grund, etwas anderes anzunehmen, als daß mein Großvater nicht seine Überzeugung gewechselt hat, sondern nur die Gemeinschaft, mit der er für sie eintreten wollte.

Vielleicht war es der politische Elan seines jüngeren Sohnes Paul, der ihn mitriß? Oder die überall schon spürbare Bedrohung durch die Nazis, gegen die ihm eine religiöse Gesinnung allein zu wenig wehrhaft erschien?

Was immer ihn bewogen hat, er wurde Kommunist, und ich kann ihn mir in einer kommunistischen Parteiversammlung einfach nicht vorstellen.

60

Oder will ich nicht? Will ich mir nicht vorstellen, wie er in einer kommunistischen Parteiversammlung redete, sich mit den anderen gemeinsam erregte, abstimmte, weil es ihm das Geheimnis, mit dem ich ihn seit meiner Kindheit umgeben habe, rauben könnte? Ich weiß nicht, wann ich erfahren habe, daß er Mitglied der Partei war. Entweder habe ich diese Mitteilung damals ignoriert, oder sie enthielt, als sie mir zukam, eine andere Bedeutung für mich als heute.

Ich kann mich auch nicht erinnern, wann und wie das Wort Kommunismus in meinen kindlichen Sprachschatz geraten ist. Wahrscheinlich aber gleich nach dem Krieg, als sie aus den Lagern kamen und aus der Emigration, die Kommunisten, die Genossen von Hella, Paul und Marta, um in Deutschland den Kommunismus zu errichten. Davon werden sie auch vor mir gesprochen haben. Ich war vier Jahre alt. Das Wort Kommunismus wird für mich bedeutet haben: Mama, Marta, Trockenkartoffeln, keine Fliegerangriffe, Lucie und »Später, wenn alles gut geworden sein wird«. Oder was?

Alle Menschen, die wir, Hella, Marta und ich, in den Jahren nach dem Krieg kennenlernten und gern hatten, waren Kommunisten. Von manchen sagten Hella und Marta, sie seien Kommunisten ohne Parteibuch, was nachsichtig klang. Ich glaube auch, von jemandem gehört zu haben, der gar nicht wußte, daß er Kommunist war. Marta könnte das gesagt haben: Der weiß noch gar nicht, daß er selbst Kommunist ist. Kommunistisch sein war gut; und gut sein war kommunistisch. Die DDR hatte in mir längst einen Staatsfeind erkannt, als ich ihr immer noch übelnahm, daß sie vor allem eins nicht war: kommunistisch. Sie war nicht gerecht, nicht ehrlich, nicht frei, nicht klug, nicht schön, nicht gut, eben nicht kommunistisch. Ich war dreiundvierzig Jahre alt, als ich zum ersten Mal nach New York reiste, wo ich innerhalb von vier Wochen begriff, daß meine politischen Ideale, an denen ich irgendwie und ratlos festgehalten hatte, ein Mischmasch waren aus kindlicher Paradiessucht, christlicher Moral und individuellem Freiheitsdrang. Damals, glaube ich, gab ich die Sache mit dem Kommunismus endgültig auf. Das, was ich meinte, konnte ich ebenso Ostern oder Tulipan oder Rambala nennen, oder gerecht, ehrlich, frei, klug, schön und gut, eben das, was alle meinen, wenn sie einfach so, ganz unpolitisch und folgenlos sagen: Eigentlich müßte die Welt besser sein, als sie ist. Als für mich das Gute und der Kommunismus aber noch ein und dasselbe waren, werde ich natürlich, etwas anderes erscheint mir heute gar nicht möglich, auch bei meinem Großvater eine kommunistische Gesinnung vorausgesetzt haben. Vorübergehend muß ich wohl vergessen haben, daß er außer Jude, Pole, Baptist auch noch Kommunist geworden war. Jedenfalls erinnere ich mich, daß mir, als ich dessen wieder gewahr wurde, weil Hella darüber sprach, ein Witz einfiel, an den ich mich nur noch ungenau erinnere. Ein Neger, der, eine Kipa in sein krauses Haar geklemmt, in der Subway

eine kommunistische Zeitung las, wurde von seinem
Nachbarn gefragt, ob ihm eins von allem nicht genü-
ge; oder so ähnlich. Vielleicht war es auch umgekehrt,
und mein Großvater fiel mir ein, weil jemand diesen
Witz erzählte.

An meinem Großvater interessierte mich vor allem,
was ihn von anderen Menschen, die ich kannte, unterschied; nur indem er sich von den anderen unterschied, konnte er mir gegen sie beistehen. Wir, mein
Großvater und ich, weil ich nach ihm und nur nach
ihm kam, waren eben ein bißchen anders, ein bißchen unpraktisch, dafür verträumt und zu spontanen
Einfällen neigend, nervös, ein bißchen verrückt. Daß
er Kommunist war wie Hella, Marta, ihre Freunde und
vor allem Hellas neuer Mann, nahm ihm etwas von
seinem Anderssein, das mich tröstete und mir recht
gab, wenn ich mit der Erwachsenen-
welt im Streit lag. So jedenfalls ließe
sich erklären, warum ich mir bis heute
meinen Großvater als einen der Par-
teidisziplin und Mehrheitsbeschlüssen
unterworfenen Genossen nicht vorstellen kann.

* * *

Am 30. November 1930 meldete das
Neuköllner Tageblatt: »Gestern kam
es an drei verschiedenen Stellen Neu-
köllns zu Plünderungen von Geschäf-

ten durch Erwerbslose. Gestohlen wurden 9 Brote und 14 Würste.«

Überfälle auf Kartoffelwagen, Plünderungen von Bäckereien und Lebensmittelgeschäften, Krawalle im Arbeitsamt, dem »Hungerpalast« in der Sonnenallee, gehörten zum Neuköllner Alltag. In seinem Jahresbericht für 1931 befindet der Schularzt elf Prozent der Schulentlassenen für körperlich nicht berufsfähig. Der Neuköllner Rotfront-Kämpferbund war mit 3000 Mitgliedern die stärkste Ortsgruppe in Deutschland. 1933 waren 33% der Neuköllner Erwerbstätigen arbeitslos; der Reichsdurchschnitt betrug 25,9%.

Als Hella vierzehn oder fünfzehn Jahre alt war, führten ihre Brüder sie in die Arbeiterbewegung ein und nahmen sie mit in den »Mercedes-Palast« in der Hermannstraße, wo nach dem Kinoprogramm oft politische Veranstaltungen stattfanden. Im »Mercedes-Palast« hat Hella zum ersten Mal Ernst Busch gehört, begleitet von Hanns Eisler, und Erich Weinert rezitierte: »Vom Alexanderplatz kommt Gas heran...« Hella erinnert sich an Ernst Buschs Stimme als die eindringlichste, die sie je in ihrem Leben gehört hat. Seine Lieder, sagt sie, hätten ihr politisches Denken nachhaltig beeinflußt, das »Lied vom bescheidenen Radieschen, außen rot und innen weiß« zum Beispiel, das auf die Sozialdemokratie zielte und das auf ihre Politik heute noch genau so paßt wie damals, sagt Hella. Immer, wenn sie irgendwelche Sympathien für die Sozialdemokraten empfinde, fiele ihr das Lied vom bescheidenen Radieschen ein, und alle Sympathie sei wieder dahin.

Die Geschichte von Ernst Busch und den Sozialdemokraten hat Hella mir nicht erzählt, sondern aufgeschrieben, und als ich sie las, war sie nicht dabei, wodurch uns der Streit erspart blieb. Eigentlich haben wir uns schon vor fünfzehn Jahren versprochen, über Politik nicht mehr zu streiten, was, wie Hella behauptet, dazu geführt hat, daß ich alles sagen darf und sie nichts. Ich hätte sie aber anrufen müssen, um ihr zu widersprechen, und allein die Sekunde, die ich brauche, um nach dem Telefon zu greifen, enthält genügend Zeit, alle möglichen Sätze von Hella und alle möglichen Sätze von mir mit einem gedanklichen Zirkelschlag zu umkreisen und zu wissen, daß nichts gesagt werden kann, was nicht schon gesagt wurde. Hella glaubt an den Klassenkampf, und ich glaube an den Klassenkampf nicht. Also nehme ich es einfach hin, daß Hella die Sozialdemokraten für bescheidene Radieschen hält, obwohl sie wenigstens einem von ihnen viel verdankt: dem Dr. Kurt Löwenstein, der von 1921–33 Stadtrat für das Neuköllner Volksbildungswesen war.

Neukölln muß ein besonderer Ort in Berlin gewesen sein; in Neukölln gab es nicht nur die meisten Rotfrontkämpfer und Arbeitslosen, sondern auch mehr Kirchenaustritte, Mandolinen- und Harmonikaorchester, mehr Freidenker und Arbeitersportvereine als anderswo.

Auch die Neuköllner Mädchen galten als besonders, sagt Hella, besonders intelligent oder interessant, ich weiß nicht, eben irgendwie besonders.

Und der Neuköllner Magistrat setzte eine Schulreform durch, die in ganz Preußen einzigartig war. Im Oktober 1920 wurden sechs evangelische Schulen in weltliche umgewandelt; das waren, abgesehen von einer Ausnahme in Adlershof, die ersten weltlichen Schulen in Berlin.

Mit fünf anderen Mädchen ihrer Volksschulklasse wurde Hella im Frühjahr 1929 an die Käthe-Kollwitz-Aufbauschule empfohlen, wo Kinder aus Arbeiterfamilien die Chance bekamen, auch ohne Entrichtung von Schulgeld die Schule bis zur Sekundarreife oder bis zum Abitur zu besuchen. Hella erzählt von Schülerausschüssen, Schülergemeinde, vielen Wahlen und heftigen Diskussionen. Nicht nur eine Schule für Wissen, sondern auch eine Schule für Demokratie und Politik sei ihre Schule gewesen, sagt sie.

Hella hatte einen Bubikopf, trug die Blusen über dem Rock und schnallte einen derben Ledergurt darüber; sie kannte Ernst Busch und Erich Weinert und trat in den Sozialistischen Schülerbund ein. Es gab außerdem die Sozialistische Schülergemeinschaft, aber das waren die Sozialdemokraten.

Bei Niklas Luhmann finde ich den Gedanken: »Die Komponenten eines Lebenslaufs bestehen aus Wendepunkten, an denen etwas geschehen ist, das nicht hätte geschehen müssen. Das beginnt mit der Geburt.«

Der Wechsel an die Käthe-Kollwitz-Aufbauschule war vielleicht ein solcher Wendepunkt in Hellas Leben, vielleicht der erste außer ihrem Unfall, der sie für Jahre in den Mittelpunkt der familiären Aufmerksamkeit gerückt hatte. Sie wird stolz gewesen sein, weil sie zu den Auserwählten gehörte und weil das Leben für sie mehr bereitzuhalten schien als eine Nähmaschine und Schneiderkreide.

Als ich Hella mit meiner Interpretation des ersten Luhmannschen Wendepunkts in ihrem Leben konfrontiere, sagt sie: Ach. Nicht heftig, nicht besonders abwehrend, sie will meinen Eifer nicht enttäuschen. Ach, so wichtig war das nicht, sagt sie. Sie hätte sich gefreut, natürlich, aber stolz? Ja, wenn sie die einzige gewesen wäre, aber sie waren ja fünf oder sechs. Außerdem hätte sie schon vorher gewußt, daß sie etwas anderes wollte als ihre Geschwister. Schon in der Volksschule hat sie selbstverfaßte Gedichte vorgetragen, und der Lehrer Herr Urban hat immer sie für öffentliche Rezitationen bestimmt. Sie zeichnete viel und malte. Sie wollte Malerin werden, notfalls Modezeichnerin, oder Journalistin. Aber woher nahm sie die Gewißheit, für anderes bestimmt zu sein als Großvater, Vater und Geschwister? Woher sie es wußte, kann Hella nicht sagen, aber sie wußte es genau. Und so bleibt als einzige Erklärung doch nur die Geburt. Hella, das jüngste Kind, von Eltern und erwachsenen Geschwistern beschützt und verwöhnt; dazu bedacht mit einer unbändigen Lebenskraft.

Mitte der achtziger Jahre – ich durfte hin und wieder in den Westen reisen, und Hella galt durch ihr Alter als reiseberechtigt – verabredeten wir uns in Westberlin. Hella hatte sich bis dahin meine euphorischen Reiseberichte skeptisch angehört und war wohl ein bißchen enttäuscht, daß mein kritischer Verstand vor dem kapitalistischen Glitzerwerk so schnell versagte. Ich spekulierte auf Hellas Lust am Urbanen, auf ihr jugendliches Vergnügen am Rudel; »Hella und ihr Rollkommando« soll mein Großvater gesagt haben, wenn Hella mit ihren Freunden durch die Schillerpromenade zog. Jedenfalls lud ich Hella und ein paar Freunde zu einer Nachtwanderung durch die Westberliner Kneipen ein. Hella hat eine besondere Art, durch Türen zu gehen. Egal ob zögernd oder schnell, laut oder leise, immer strahlt sie die Erwartung aus, längst erwartet zu werden. Und weil sie es ausstrahlt, ist es auch so. Rund um den Savignyplatz zogen wir von der »Rosalinde« zum »Terzo Mondo«, vom »Diner« zum »Zwiebelfisch«. Wir tranken ausreichend Wein und rauchten, trafen Bekannte, Hella schloß Freundschaften und verteidigte den Sozialismus, wenn auch nicht den ganzen. Einer Buchhändlerin versprach sie, zu deren nächsten Geburtstag eine Schüssel Kartoffelsalat vorbeizubringen, was sie auch tat, allerdings ohne Petersilie, weil wegen Tschernobyl im Westen gerade niemand etwas Grünes essen wollte. Im »Zwiebelfisch« erwischte uns das trübe Berliner Morgenlicht, und als wir endlich die Treppen zur

Wohnung meiner Freundin E. hinaufstiegen, stützte Hellas mütterliche Hand mein Kreuz, weil ich vor Müdigkeit nach hinten überzusinken drohte. Seit dieser Nacht waren die Westberliner Kneipen für Hella exterritoriales Gebiet, dem Kapitalismus durch Sympathie entzogen. Der Kapitalismus blieb schlecht, aber die Kneipen waren gut.

Was entscheidet darüber, ob wir uns eher an die glücklichen Momente unseres Lebens erinnern oder an die unglücklichen; ob uns unsere Triumphe vor den Demütigungen einfallen oder umgekehrt? Liegt es in unserer Natur, im ererbten Temperament oder an den Umständen unserer Geburt oder an dem ersten Eindruck, den die Welt uns macht? Oder gräbt sich solche Eigenart nur langsam in unseren Charakter? Ich kann mir vorstellen, daß ein früher, nicht erinnerbarer Schreck uns für lange Zeit das Glück unzugänglich machen kann. Einmal gewarnt, können wir eine eigentlich glückliche Situation nicht mehr als solche empfinden, weil wir ihr nicht trauen. Vielleicht fühlen wir uns sogar bedroht, weil wir das, was Glück sein könnte, nur für eine Täuschung halten, die sich in Enttäuschung verwandelt, sobald wir unser Mißtrauen aufgeben. Andere, denen dieser Schreck, oder wie immer wir es nennen wollen, nicht zugestoßen ist, können die Augenblicke des Glücks einfach genießen wie warme Sommertage, ohne Gedanken an den nächsten Winter, »dieser wunderbare Sommer, weißt du noch?«, können sie später sagen, eine nicht widerlegbare Erinnerung. Ich meine nicht die Neigung, das Erlebte nachträglich zu vergolden, um zähe Ehejahre und lebenslange ehrgeizige Schinderei in vorzeigbares Glück zu verwandeln. Ich meine das, was wir im Augenblick des Geschehens als wirklich erleben, was wir als ein Stück erbeutetes Leben davontragen und in unsere Biographie einmodellieren. Wenn Hella die Skulptur ihres Lebens beschreiben sollte, würde sie vermutlich ein harmonisches kompaktes Werk vor Augen haben, mit einigen Schrunden und Scharten, vielleicht ist irgendwo sogar ein ganzes Stück rausgehauen, aber insgesamt erscheint es gelungen.

Wenn ich meiner Biographie eine Gestalt suche, kommt ein dürres eckiges Gebilde zustande, mit willkürlichen Streben nach rechts und links, als hätte da etwas werden sollen, was dem Rest seinen Sinn hätte geben können. Hella sagt, ich sei ein glückliches Kind gewesen, das viel gelacht hätte. Und ich kann mich daran einfach nicht erinnern.

Hella erinnert sich anders. Hella erinnert sich an Glück. Manchmal kommt es mir fast gewalttätig vor, wie sie den Tatsachen ihres Lebens das Glück abpreßt, als könnte sie einen anderen Befund nicht ertragen. Aber es ist Hellas Leben, und nur sie kann sagen, wie oft das Befürchtete ausgeblieben ist und das Erhoffte sich statt dessen erfüllt hat. Dazwischen bewegt sich wohl das bescheidenere Verständnis von Glück und Unglück. Glück gehabt oder Pech gehabt, sagt man dann. Hella sagt, sie hätte in ihrem Leben sehr viel Glück gehabt.

* * *

Bruno hatte so eine feine Art, mit Menschen umzugehen, sagt Hella. Er hatte auch feinere Hände als Paul,
Paul hatte solche Hände wie ich, sagt sie, breit und
kräftig. Bruno hätte auch schnell eigene Kundschaft
gehabt, anspruchsvolle Kunden darunter, Doktoren,
die ihre Anzüge von ihm nähen ließen. Bruno war
gern Schneider, glaubt Hella.

Paul hat früh angefangen zu fotografieren und gehörte zu den Arbeiterfotografen der Arbeiter Illustrierten
Zeitung. Außerdem ging er in die MASCH, was Marxisti-
sche Arbeiter Schule bedeutet. In der MASCH war Paul
wie zu Hause, sagt Hella; sie erinnert sich an einen Genossen Schmid, mit dem Paul ständig zu reden oder zu
arbeiten hatte und der, wie Hella erst Jahrzehnte später
erfuhr, der Mann von Anna Seghers war.

Alle drei, Bruno, Paul und Hella, waren Schwimmer
im Arbeiter-Sportverein »Fichte«, nur Marta nicht,
weil sie kränklich war, ein Nervenleiden, eine Art
Veitstanz, sagt Hella, so daß sie zwei Jahre nach der
Schule zu Hause bleiben mußte und erst dann eine
Arbeit als Näherin in einer kleinen jüdischen Schneiderei annehmen konnte. Aber viel gelesen hätten sie
alle, auch Marta, am liebsten die Amerikaner, Howard
Fast, Upton Sinclair, Theodore Dreiser, Jack London

sowieso, aber auch Ricarda Huch, Irmgard Keun und Hans Fallada.

1932 schloß Hella die Schule mit der Sekundarreife ab und fand in den folgenden drei Jahren keine Lehrstelle.

Was hast du gemacht in der Zeit?

Ach, alles mögliche, sagt Hella. Sie belegte Kurse an der Volkshochschule, ging mal zu diesem, mal zu jenem Jugendverband, trat aber in keinen mehr ein. Die Neuköllner Jungkommunisten hätten sich zwar sehr um sie bemüht, aber irgendwas gefiel ihr an denen nicht.

Kannst du dich erinnern, was das war?

Ein bißchen, sagt Hella, und ich höre, daß sie das, was ihr gerade einfällt, komisch findet. Mir hat nicht gefallen, wie die sich angezogen haben, sagt sie, das war mir zu grob, vielleicht ist grob das falsche Wort, aber die von der SAJ gefielen mir besser.

»Die von der SAJ« waren die Sozialdemokraten, und vielleicht wäre in Hellas und damit in meinem Leben alles anders gekommen, hätten die von der SAJ – und jetzt haben wir einen Luhmannschen Wendepunkt –, hätten die von der SAJ Hella nicht eines Tages rausgeschmissen, weil sie sie verdächtigten, für die Kommunisten zu spionieren. Hella war ihnen nämlich als ein Mitglied des Fichte-Balalaika-Orchesters bekannt, das eigentlich eine Agit-Prop-Gruppe war, aber aus dem besagten Fichte-Balalaika-Orchester hervorgegangen. Diese Agit-Prop-Gruppe aber gehörte zur

72

kommunistischen Einflußsphäre, und das machte Hella zur unerwünschten Person.

Wenn die von der SAJ nun großherziger gewesen wären und sie geduldet hätten, dann hätte sich Hella vielleicht irgendwann in einen von der SAJ verliebt und hätte ihn gegen die Kommunisten verteidigt, wenn die ihn als Sozialfaschisten beschimpft oder ihn sogar verprügelt hätten. Vielleicht hätte sie ihn sogar geheiratet, ihn oder einen anderen von der SAJ. Und dann hätte sie sich mit ihren Freundinnen Lucie und Ischi im Mai 1945 vielleicht nicht bei der kommunistischen Fraktion im Berliner Magistrat gemeldet, um als Sekretärin beim Wiederaufbau zu helfen, sondern bei den Sozialdemokraten. Und dann wäre sie mit den anderen Sozialdemokraten zusammen von den Kommunisten aus dem Magistrat rausgeschmissen worden, statt zusammen mit den Kommunisten die Sozialdemokraten rauszuschmeißen. Und wir wären nicht von Neukölln in den Osten gezogen, und alles, alles wäre anders gewesen.

Hella bestreitet diesen möglichen Fortgang ihrer Biographie ganz energisch, so sagt sie das wirklich: bestreite ich ganz energisch. Viel zu fest hätte sie auf der anderen Seite gestanden, und wenn sie sich wirklich in einen von der SAJ verliebt hätte, dann hätte der eben Kommunist werden müssen, aber umgekehrt? Niemals.

* * *

In der Schillerpromenade 41 wohnte eine Etage über meinen Großeltern die Familie F. Die beiden Ehepaare hatten sich miteinander befreundet. An den Sonntagen trafen sich die Männer, sprachen über Politik und tranken Tee.

Oder Bier?

Nein, Tee, sagt Hella.

Als Hannchen, die Tochter der F.s, sich mit dem Tischler Gustav verlobte, kam er als Dritter in die sonntägliche Runde. Alle drei waren Kommunisten. Später heirateten Hannchen und Gustav. Ihre Tochter Christa wurde geboren. Sie übernahmen die Wohnung in der Schillerpromenade, und Hannchens Eltern zogen in die ausgebaute Laube nach Britz, ins Grüne. Zu den sonntäglichen Gesprächen traf man sich weiterhin. Es war die Zeit der Weltwirtschaftskrise, der sozialen Katastrophen, der Straßenschlachten. Hella sang mit ihrer Agit-Prop-Gruppe auf den Neuköllner Hinterhöfen gegen Hitler an. Und Gustav erklärte eines Sonntags seinem kommunistischen Schwiegervater und dem Juden Pawel Iglarz, diesmal wisse er aber, wie er sich zu entscheiden habe. Als Pawel nach Hause kam, sagte er zu seiner Familie, daß sich nun auch die Sonntage ändern würden. Bald darauf sah man Gustav in einer nagelneuen braunen Uniform. Gustav war Nazi geworden.

Die letzten Reichstagswahlen am 5. März 1933 bescherten Hitler eine absolute Mehrheit von 52% und besiegelten seine Machtübernahme.

An diesem Tag zog das Fichte-Balalaika-Orchester zum letzten Mal mit Sprechchören und Gesang durch die Neuköllner Straßen. Hella erinnert sich noch an ein Lied, das dem Ereignis schnell gereimt wurde:

Hitler hat die Macht bekommen
Hitler hat noch nicht gesiegt
Einheitsfront, im Kampf gewonnen,
macht, daß Hitler unterliegt

Teurer wird das Brot und Fleisch
Rote Presse wird verboten
Reiche bleiben weiter reich
Arme knüppelt man zu Boden

Da Hella die übrigen Strophen vergessen hat, läßt sich nicht überprüfen, ob sich auch in ihnen nachträglich jeweils nur eine Zeile als wahr erweist.
Hitler hat die Macht bekommen, und: Rote Presse wird verboten.
Die Einheitsfront war schon lange verspielt, Hitlers wirklicher Sieg stand noch bevor, das Brot und das Fleisch wurden nicht teurer, nicht alle Reichen blieben reich, jedenfalls nicht die Juden unter ihnen, und nach dem Kriegsende auch Deutsche nicht. Und nicht Arme wurden zu Boden geknüppelt, sondern arme Deutsche und reiche Deutsche knüppelten den Rest von Europa.
Die Agit-Prop-Gruppe durfte nicht mehr auftreten, traf sich aber noch regelmäßig, um sich, wie Hella

sagt, »für kommende Zeiten zu schulen und zu bilden«. Den »Don Quichote« von Cervantes hätten sie gelesen, als Gleichnis auf Hitler, weil der auch, wie der Ritter von der traurigen Gestalt, den Lauf der Zeit aufhalten und gegen Windmühlen ankämpfen wollte. Die Lektüre hätte ihr Qualen bereitet, sagt Hella, darum erinnere sie sich daran.

Sie war siebzehn Jahre alt und liebte Hans. Er gehörte zu den Fichte-Ruderern, und Hella lernte ihn während einer politischen Schulungswoche zwischen Weihnachten 1932 und Neujahr 1933 kennen. Hans war blond und einen Meter dreiundachtzig groß. Hans war Hellas erste Liebe. Sie dauerte bis zum späten Herbst. Hella sagt, auch heute noch gehöre Hans zu den vier oder fünf wirklichen Lieben ihres Lebens.

Und warum war sie dann im späten Herbst vorbei? Eine törichte Frage. Als wüßte ich, warum meine erste Liebe eines Tages vorbei war. Ich könnte nicht einmal genau sagen, warum sie angefangen hat. Und heißt »Erste Liebe« nicht, daß ihr Ende von Anfang an beschlossen ist, weil der ersten Liebe eine zweite und eine dritte folgen werden? Trotzdem frage ich: Warum war es im späten Herbst vorbei?

Hellas Blick sucht irgendwo die Antwort, an der Decke, in der Luft, kehrt sich nach innen und tritt die Zeitreise an. Hans wohnte in Hoppegarten, in einem Haus mit Garten, sein Vater war ein mittlerer Postbeamter, gehobene Leute in Hellas Augen. Wenn sie sich trafen, holte sie ihn am S-Bahnhof Hermann-

straße ab. Im Sommer zogen sie durch die Hermannstraße zum Neuköllner Volkspark. Unterwegs kauften
sie Kuchen oder Kirschen. Im Park tranken sie Kaffee.
Wenn es dunkel wurde, saßen sie wie die anderen Lie-
bespaare auf einer Bank und küßten sich. Und warum
es dann vorbei war?

Im Herbst 1933 bekamen die Mitglieder des inzwischen verbotenen Arbeitersportvereins »Fichte«
den Auftrag, in bürgerliche Vereine einzutreten. Die
Neuköllner Fichte-Schwimmer schlossen sich dem
Schwimmverein »Hellas« an. Hella fand neue Freunde. Sie liebte Hans. Aber Hans war nicht mehr so
wichtig, sagt sie.

Im Oktober oder November wurde Hans arbeitslos.
Hella erinnert sich, daß sie ihn eines Tages vom Bahnhof Hermannstraße abholte und er zu ihr sagte, daß
sie sich nun nicht mehr treffen könnten, weil er arbeitslos geworden sei.

Weil er arbeitslos war?

Ja, er dachte wohl, er könne sich das nicht mehr lei-
sten, das Fahrgeld und das Kinogeld und überhaupt.

Und du?

Sicher werde ich versucht haben, ihm das auszureden.
Aber es hat wohl nichts geholfen. Wir waren beide
sehr traurig. Er auch.

Mehr scheint Hella nicht zu wissen.

Tage später rufe ich sie an und frage, ob sie es für
möglich hielte, daß ihrem Hans das Jüdische an ihr
vielleicht zu schwierig geworden sei.

Ich lege Zweifel in meine Stimme. Hella soll glauben, ich selbst hielte einen solchen Verdacht für unwahrscheinlich, weil ich erwarte, daß sie mir heftig widerspricht. Denn schließlich sind die beiden sich zwanzig Jahre später noch einmal begegnet, wenn auch nur am Telefon. Hella war Leserbriefredakteurin beim »Neuen Deutschland« und erhielt in dieser Eigenschaft einen Brief von einem Berliner Sportfunktionär, der seine Begeisterung über ein völkerverbindendes Fußballspiel zwischen einer sowjetischen und einer deutschen Amateurmannschaft, das mit einem dreifachen Drushba, Drushba, Drushba beendet wurde, dem Zentralorgan seiner Partei kundtun wollte. Der Brief war unterschrieben von Hans R. Hella rief bei der Sportbehörde an und fragte, ob der Briefschreiber der Hans R. sei, den sie kenne. Er war es. Sie hatten beide den Krieg überlebt, sie waren beide der Idee des Kommunismus treu geblieben und Genossen in derselben Partei. Ich war sicher, Hella würde die Vermutung, Hans könnte sie ihres jüdischen Vaters wegen verlassen haben, entschieden zurückweisen.

Weißt du, daß ich nach unserem letzten Gespräch zum ersten Mal daran gedacht habe, sagt sie. All die Jahre sei sie auf die Idee nicht gekommen, damals nicht und auch nicht, als sie die Todesanzeige für ihn im »Neuen Deutschland« gesehen hat, überhaupt niemals in fünfundsechzig Jahren.

So ist sie, denke ich, so ist Hella. Jedes Leid kann sie von seinem Ballast befreien, kein Gramm mehr als unvermeidlich gesteht sie ihm zu. Mein Leben lang weiß ich nicht, ob ich diese Gabe an ihr eher bewundere oder beargwöhne. Nach einer Stunde ruft Hella noch einmal an: Ich war spazieren, sagt sie, und habe nachgedacht. Das, was du denkst, war es nicht, absolut nicht. 1933 mußte man sich aus solchen Gründen noch nicht trennen, das kam später, nach '38, als Martas Hans Marta verlassen hat. Außerdem war mein Hans viel zu links. Martas Hans war eher unpolitisch. Weißt du, vielleicht hatte er einfach die Nase voll von mir. Oder er hatte eine andere gefunden, die ihm mehr erlaubt hat, als sie zu küssen. Hans war ja drei Jahre älter als ich. Jedenfalls das, was du denkst, war es nicht.

Die Geschichte wird nicht umgeschrieben, auch nicht als mögliche Variante. Die Interpretationshoheit für ihre Biographie gehört Hella. Und vielleicht ist es ja auch ein Defekt meiner Generation, eine mechanische Einübung unseres Denkens, wenn wir nicht verdachtslos hinnehmen können, daß im Jahr 1933 eine Halbjüdin von ihrem Freund verlassen wurde, nur weil der sie nicht mehr liebte. Aber Hella besteht darauf, daß es genau so war.

Eigentlich interessierte mich Hellas erste Liebe vor allem, weil sie in das Jahr '33 fiel. Ich nahm an, die Gleichzeitigkeit von Glück und Unglück hätte sich als emotionales Paradox in ihrer Erinnerung bewahrt.

Ach, sagt Hella, das war anders, als du denkst.

Sie wirkt verzagt vor der Schwierigkeit, mir zu erklären, warum Hitler ihr nicht die Freude am Kino, am Tanzen, an der Liebe verdorben hat, warum die glimmende Angst immer wieder mit Hoffnung gelöscht wurde, daß sie eben jung waren und weitergelebt haben.

Ich hätte Hella sagen können, daß ich sie genau verstehe, weil es uns ganz ähnlich ergangen ist, als sie und ihre Genossen die Macht hatten, als unsere Parteien nur deshalb nicht verboten wurden, weil wir sie gar nicht erst hatten gründen dürfen, als man unsere Bücher nicht verbrennen mußte, weil sie nicht gedruckt worden waren; und daß ich auch das Gefühl von Vergeblichkeit kenne, wenn ich einem, der das nicht erlebt hat, zu erzählen versuche, warum wir trotzdem nicht ewig gebeugt und beladen durch unseren empörenden Alltag geschlurft sind. Wenn ich etwas aus dieser Zeit überhaupt vermisse, dann ist es unser galliges Gelächter, in dem immer die Hoffnung mitklang, es möge alles noch viel schlimmer werden, damit es endlich aufhört.

Ich trage Hella den Vergleich nicht an; es genügt, wenn ich sie verstehe.

* * *

Über die Jahre zwischen 1934–37 erzählt Hella wenig. Im Dezember 1934 fand sie eine Lehrstelle als Kontoristin bei dem Zeitschriftenvertrieb Gartenberg, einem jüdischen Unternehmen, das nach Hellas erstem

Lehrjahr an den Hamburger Kaufmann Max Gröhn verkauft wurde. Hella durfte ihre Lehre abschließen und wurde dann entlassen. Sie fand eine neue Anstellung beim Zeitschriftenvertrieb Frommhagen, bis ihr 1937 die Arbeitserlaubnis entzogen wurde. Pawel hatte seine Beschäftigung bei Peek und Cloppenburg schon vorher verloren, weil die Nachbarin R. der Geschäftsleitung in einem Brief mitgeteilt hatte, daß es sich bei dem Heimarbeiter Paul Iglarz um einen Juden handele. Nach dem Krieg wohnte Frau R. im Vorderhaus und jagte uns Kinder vom Hof, wenn wir zu laut waren. Einmal warf sie uns auch eine Tüte Kirschen aus dem Fenster. Hella erzählt, daß die Frau ihr noch ein paar Wochen vor dem Kriegsende gedroht hätte, sie solle ja vorsichtig sein, sonst würde sie doch noch abgeholt. Ein paar Wochen nach dem Krieg hat sie auch ihr Kirschen geschenkt. Sie war, soviel Hella weiß, die einzige Denunziantin in unserem Haus.

Mit Gustavs Entschluß, diesmal nicht auf der Seite der Verlierer zu landen und darum Nazi zu werden, endete die Freundschaft zwischen den beiden Familien. Selbst mit Hannchen wechselten sie nur noch ein stummes Kopfnicken, wenn sie sich im Treppenhaus trafen, wohl auch weil Hannchen sich geschämt hat, vermutet Hella. Rückblickend kommt es ihr so vor, als hätte sie in diesen Jahren vor allem gewartet. Sie hat die Lehre abgeschlossen und gearbeitet, sie sind Tanzen gegangen, am Zoo oder im Café »George« in Treptow, wo eines Tages Heinrich George, der ein

Cousin des Besitzers war, leibhaftig im Vorgarten saß. Sie sind zum Ku'damm gefahren und haben sich bei Horn die Kleider angesehen, um sich so ähnliche selbst zu nähen. Aber eigentlich, sagt Hella, habe ich die ganze Zeit darauf gewartet, daß das alles vorbei ist und das richtige Leben anfängt, eigentlich die ganze Zeit, die ganzen zwölf Jahre; 1945 war für mich wie eine Wiedergeburt.

Walter, meinen Vater, lernte Hella 1937 kennen. Mit Freunden war sie tanzen gegangen. Walter saß mit seinen Freunden am Nebentisch, und weil er nicht tanzen konnte, starrte er Hella immerfort an. Wie es kam, daß sie an diesem Abend mit einem Taxi nach Hause fuhr, ob jemand ihr diesen Luxus spendiert hatte oder ob sie zusammengelegt hatten und sie als letzte ausstieg, weiß Hella nicht mehr. Jedenfalls stand, als sie gerade ins Haus gehen wollte, Walter neben ihr, der dem Taxi auf seinem Motorrad gefolgt war, und fragte, ob sie sich wiedersehen könnten.

Und dann hast du dich verliebt?

Wirklich verliebt nicht, auch später nicht, sagt Hella. Eigentlich hätte sie sich sogar bald wieder trennen wollen. Er sollte nur noch ein Buch zurückbringen, das sie ihm geliehen hatte, weil sie immer wollte, daß er liest. Und da wußte sie dann, daß sie schwanger war. Du weißt doch, 1937, die Abtreibung, sagt Hella, das wollten wir noch zusammen durchstehen.

Sie blieben zusammen, wurden vertraut miteinander. Für Walter war es eine große Liebe. Er hat Hella heiraten wollen, um sie zu schützen, er hat unserer Familie seinen Sold von der Front geschickt und einen Fohlenmantel für Hella aus Paris; er hat meine Großeltern in Kurow besucht. Als er aus der Gefangenschaft kam, war ich acht Jahre alt. Ich erinnere mich, daß wir zusammen auf einem Rummel im Neuköllner Volkspark waren. Er hatte mir einen kandierten Apfel gekauft. Der Stiel brach, und der Apfel fiel in den Sand. Mein Vater war wütend. Ein Flugzeug flog dröhnend über unsere Köpfe, und mein Vater sagte, er könne das Geräusch nicht mehr ertragen. Er hätte immer nur in die Luft geschossen, das solle ich ihm glauben. Ich kann mich erinnern, an diesem oder einem späteren Tag darüber nachgedacht zu haben, ob jemand, der nichts treffen will, sein Ziel nicht ebenso verfehlen kann, wie einer, der es auf eines anderen Herz anlegt.

Vier Jahre bevor Walter aus dem Krieg und der Gefangenschaft zurückkehrte, hatte Hella ihre Trennung von ihm vollzogen. Sie hatte den Mann kennengelernt, mit dem sie dreißig Jahre lebte, bis zu seinem Tod. Eltern sind Schicksal; sie sind unser genetisches Schicksal und, solange wir Kinder sind, auch unser biographisches. Hellas neuer Mann war nur mein biographisches Schicksal. Es gab Jahre, in denen ich ihr das Recht bestritt, mir dieses Schicksal zugemutet zu haben.

Als Hella sich von ihrem Freund Walter nicht trennte, war sie zweiundzwanzig Jahre alt; man hatte ihr, als

Polin und Halbjüdin, die Arbeitserlaubnis entzogen; ihr älterer Bruder Bruno, der ihr der liebste gewesen war von ihren Geschwistern, war gestorben. Auf ein schnelles Ende des Nationalsozialismus durfte man nicht mehr hoffen. Nicht, daß sie sich damals bewußt für die Sicherheit, die Walter ihr bot, entschieden hätte, aber gewiß sei sie ein Grund für ihre Zuneigung gewesen, sagt Hella.

Walter hatte sogar ein Auto, das zwar nicht ihm gehörte, sondern den beiden alten Ehepaaren, in deren Reinigungsgeschäft er als Mädchen für alles, auch als Chauffeur angestellt war. Da die Besitzer des Autos selbst nicht fahren konnten, durfte Walter, sofern er nicht für das Geschäft oder die Familie chauffieren mußte, frei darüber verfügen. Im Sommer 1939, als Pawel noch einmal für zwei Wochen nach Berlin kam, nachdem er neun Monate an der deutsch-polnischen Grenze in einem Güterwaggon oder in einem Zelt hatte zubringen müssen, holten Hella und Walter ihn mit dem Auto vom Bahnhof ab.

Es gibt ein Foto von meinem Großvater, von dem ich annehme, daß es während dieser Tage in Berlin aufgenommen wurde: der Mund sehr verschlossen, als hätte er das Sprechen aufgegeben; Augen, in denen sich keine Erwartung mehr spiegelt, nur schreckliche Gewißheit. Ein erschöpfter, ein verzweifelter Mann. So kam er zurück. Er hatte einen Blick in seine Zukunft geworfen. Er bat Hella und Walter, ihn zuerst zum Friedhof zu fahren, an Brunos Grab. Zwei Jahre zuvor, erzählt Hella, hatte Pawel seinem toten Sohn die Hand auf die Stirn gelegt und ihn beschworen: Mach die Augen auf, Junge, du mußt leben. Nun stand er an seinem Grab und dankte Gott, daß er seinem ältesten Sohn Frieden gegeben hatte und wenigstens er nichts mehr zu befürchten hatte.

Während der Monate im Grenzlager hatte Pawel versucht, sich zu retten. Drei an ihn gerichtete Briefe – zwei aus Basel, einer aus London – bezeugen seine Bemühungen um eine Einreise nach England.
Aus Basel schrieb ihm ein Pfarrer A. Gerhardt am 28. November 1938: »Was nun die Anfragen an die verschiedenen Komitees betrifft, da verstehe ich Ihre angegebenen Gründe gut, aber ich muß Ihnen doch raten, allein zu schreiben. Ich sagte ja, bei welchen Stellen Sie sich auf mich berufen können... Da solche Komitees viele Gesuche empfangen, muss man nicht mit grossen Hoffnungen und Erwartungen erfüllt sein. Aber gerade Sie als gläubiger Christ wissen ja die Instanz, die nie versagt, die auch Weg aller Wege hat und der es ein Gleiches ist durch viel oder wenig zu helfen. Ich bin in den Stand gesetzt, Ihnen noch einmal 100 Zloty schicken zu können. Wahrscheinlich wird es die letzte Hilfe sein. Das Geld kommt vom ›Verein der Freunde Israels‹ ...«
Pfarrer Gerhardts Brief schließt: »Es ist wieder Advent in der Christenheit. Wieder erschallt das ›Macht hoch die Tür, die Tore weit, dass der König der Ehren ein-

ziehen kann‹ … Dass noch immer nicht die ganze Welt voll der Erkenntnis des Herrn ist, wie der Prophet Jesaia sagt, daran ist auch Israel viel Schuld, weil es noch immer seinen Messias ablehnt. Möge die gegenwärtige Not das Judentum zur Besinnung, Umkehr, Rückkehr führen. Dann wäre uns allen geholfen … Gott sei mit Ihnen. Er wende bald auch Ihr Geschick. Gesegnete Advents- und Weihnachtszeit wünscht Ihnen Ihr verbundener A. Gerhardt«

Der zweite erhaltene Brief des Pfarrers Gerhardt stammt vom 15. Juni 1939: »Lieber Bruder Iglarz, Ihre letzten beiden Karten, habe ich erhalten. Im Geiste drücke ich Ihnen warm die Hand u. bitte Sie, nicht zu verzweifeln. ›Harret des Herrn! Meine Seele harret des Herrn von einer Morgenwache zur andern!‹ Gerade die heutige Losung, Psalm 13, scheint ganz für Sie geschrieben zu sein, & auch der Lehrtext: Hebr. 12 ist herrlich.

Wie oft haben wir gelesen ›Herr, warum schweigst Du?‹ (Psalm 28; 35,22; 109,1; 291,3; 83,2; Jes. 6411; Hab. 1,13) u. haben uns dabei nichts gedacht, nicht gedacht, welch ein Kummer und Leid dahintersteckt, wie es dem Frommen zu Mute gewesen sein muß, eben weil Gott schwieg & nicht antwortete (Psalm 18,42; 22,3; 34,5; Sprüche 1,28; Jes. 59,9; 65,24; Jer. 33,3; Psalm 4,4; 18,7, 50,15; 91; 102,3; 118,; 145, Vers 18; Jes. 55,6), auch nicht gedacht, dass Gott dennoch geantwortet hat, anders als der Rufende dachte, zu einer andern Zeit, als er es wünschte, aber doch zur rechten Zeit, keine Sekunde zu spät! Auch in Ihrem Fall hat Gott bereits alles auf die Minute berechnet, alles, alles vorbedacht u. bereits alles geregelt. ›Sei stille müdgequältes Herz, das nur am Kummer klebe ‹ … Sorgen Sie sich auch nicht um Ihre liebe Frau! Gott mit Ihnen! In treuer Verbundenheit Ihr A.Gerhardt«. Der Absender des dritten Briefes ist das Sekretariat von Dr. Rushbrooke, Generalsekretär der Baptist World Alliance in London. Der Schreiber des Briefes teilt mit, daß Dr.Rushbrooke sich bis Mitte August, also für die nächsten beiden Monate, in Amerika befinde und darum in Pawels Angelegenheit nicht an die deutschen Brüder schreiben könne, daß aber der Schreiber von Reverend A.G.Parry von der Britischen Gesellschaft zur Verbreitung des Evangeliums unter den Juden erfahren habe, dieser hätte Pawel in einem Brief um die für eine Einreise notwendigen Informationen gebeten, aber bisher keine Antwort bekommen. »Bitte schreiben Sie ihm umgehend alle gewünschten Informationen und er wird sein Bestes tun, um Ihnen zu helfen«, schreibt der Sekretär von Dr. Rushbrooke.

Ob Pawels Brief seinen Empfänger wieder nicht erreichte, oder ob er zu spät kam oder ob Reverend A.G.Parry das Beste vergeblich getan hat und der Pfarrer Gerhardt also zu Recht vor großen Hoffnungen und Erwartungen gewarnt hatte, bleibt ungewiß. In späteren Briefen erwähnt Pawel die Möglichkeit einer Flucht nach England nicht mehr. Vielleicht hat man sein Gesuch auch abgelehnt; vielleicht kam ein konvertierter Jude, der auch seine neue Glaubensgemeinschaft verlassen hat und zudem Kommunist geworden war, für eine Rettung gar nicht infrage.

Drei Jahre später, nach dem Tod seiner Frau, schrieb Pawel an seine Kinder in Berlin: »Ich hätte damals, als ich die zwei Wochen nach Berlin kam, meine Urabsicht ausführen müssen, nämlich mich mit Gas vergiften. Ich wäre schon längst vergessen und Mama konnte womöglich bei euch bleiben. Aber dazu war ich zu feige und aus lauter Feigheit baute ich mir allerhand Hoffnungs-Türme – vielleicht wird die Trennung nicht so lange dauern, vielleicht wird der Krieg im letzten Moment doch noch vermieden, so würde ich mir in Zelow eine bescheidene Existenz gründen u.f.m. und so kam es, daß ich Mama in solch ein Unglück gebracht habe. Und jetzt, nachdem ich Mama in dieses Elend geführt habe, wäre es noch schlimmer, wenn ich mich aus dem Staube machen würde. Ich würde Mama keinen guten Dienst tun und so muß ich weiter leiden.«

Das Ghetto Belchatow wurde im März 1941 gegründet und im August 1942 liquidiert. Eine kleine Gruppe der Insassen wurde in das Ghetto von Lodz überführt. In dem Verzeichnis der gemeldeten Juden des Ghettos Litzmannstadt findet sich ein Pawel Iglarz nicht. Ein anderer Teil der Belchatower Juden wurde in den umliegenden Wäldern von Belchatow erschossen. Der größte Teil kam nach Kulmhof (Chelmno), das erste Vernichtungslager für Juden, wo auch die Tötung von Menschen durch Abgase fahrender Lastwagen erprobt wurde. Es ist möglich, daß Pawel zu den 4953 Juden gehörte, die von Belchatow nach Kulmhof gebracht wurden, und daß er, eingepfercht in eine Ladung Mensch und während der Lastwagen durch die sommerliche Landschaft fuhr, vergast wurde.

Daß er sich während der zweiwöchigen Frist in Berlin nicht selbst vergast hat, um so seiner nichtjüdischen Frau das Elend der Ausweisung, vor allem aber die Trennung von ihren Kindern zu ersparen, hat er bis zum Tod als seine Schuld empfunden.

Hella war dabei, als Josefa auf dem Polizeirevier gefragt wurde, ob sie mit ihrem Mann nach Polen gehen oder ob sie sich von ihm scheiden lassen und bei ihren Kindern in Berlin bleiben wolle. Das Polizeirevier befand sich in der Selchower Straße, dreißig oder vierzig Meter von der Schillerpromenade 41 entfernt. Man kannte die Polizisten von ihren Streifengängen, mit einigen grüßte man sich sogar. Mit dem Mann habe ich vier Kinder, antwortete Josefa. Pawel hat gewußt, daß nur sein Tod sie hätte hindern können, mit ihm zu gehen.

Habt ihr seit 1933 nie die Idee gehabt auszuwandern?

Nein.

Warum nicht?

Ich weiß nicht, aber ich kann mich nicht erinnern,

daß je wieder darüber gesprochen wurde, seit damals, seitdem der Onkel in Amerika gestorben war, sagt Hella, wohin hätten wir auch gehen sollen, wir hatten doch gar kein Geld.

Im Berlin der Weimarer Republik lebten 160 000 Glaubensjuden; 1938 waren es noch 140 000, unter ihnen viele wohlhabende Familien. Sie müssen gehofft haben, mehr retten zu können als ihr Leben. Sie müssen geglaubt haben, ihnen stünde bevor, was die Juden seit dem vierten Jahrhundert unzählige Male hinter sich gebracht hatten, eine Welle des Antisemitismus, Pogrome, die man irgendwie überstehen mußte.

An die beiden Wochen zwischen Pawels Rückkehr und der endgültigen Ausreise ihrer Eltern nach Polen kann Hella sich kaum erinnern. Natürlich werden sie traurig gewesen sein, sie werden Angst gehabt haben, sicher haben sie darüber auch gesprochen. Aber es war so viel zu tun, Abmeldungen, eine vom Führer des 228. Polizeireviers beglaubigte Vollmacht für Hella, eine Unbedenklichkeitsbescheinigung vom Stadtsteuerkassenamt, eine Aufstellung des Umzugsgutes in deutscher und in polnischer Sprache: 1 Nähmaschine, 1 Metallbettstelle, 10 Bettbezüge, 4 warme Unterröcke, Strümpfe, Messer, Gabeln, eine Wäscheleine, Hammer, Zange, Kaffeewärmer; jedes Hemd, jede Garnrolle mußte angegeben werden.

Sie hätte diese Tage vor allem an der Nähmaschine verbracht, sagt Hella, drei Kleider hätte sie für ihre

Mutter noch genäht. Und an einen Ausflug könne sie sich erinnern. Walter und sie seien mit den Eltern nach Sacrow gefahren, warum gerade Sacrow, wisse sie nicht genau, vielleicht weil Bruno da manchmal mit seiner Freundin gezeltet hatte. Und daß ihre Mutter geweint hat, als sie auf dem Weg zum Bahnhof zum letzten Mal über den langen Hinterhof in der Schillerpromenade 41 ging, das wisse sie auch noch.

* * *

Kurow liegt dreißig Kilometer von Belchatow entfernt und vierzig Kilometer von Chelmno, das einmal Kulmhof hieß. Ein langgezogenes Straßendorf mit einem Seitenarm, der sich wie ein landschaftsgestalterischer Luxus ausnimmt. Wo die Chaussee sich in eine Kurve windet, markiert das einzige Geschäft den Dorfmittelpunkt. Der schmucklose Ort, umgeben von flachen Feldern und Brachen erinnert an entlegene Dörfer der Uckermark oder Vorpommerns.
Die erste Person, der wir begegneten, fragten wir nach der Familie Przybylski. Sie selbst sei eine Przybylska, aber nur eine angeheiratete. Sie war auch zu jung, um uns etwas über die Personen auf den Fotos zu erzählen, die ich wie einen Ausweis in der Hand hielt. Die Frau führte uns auf ein nur wenige Schritte entferntes Gehöft. Hier wohnten auch Przybylskis, sagte sie. Ein uraltes Paar kam aus verschiedenen Ecken des Hofes auf uns zu. Ich zeigte die Fotos. Ciocia

91

Josefa, Dziadek Pawel, riefen die beiden Alten nacheinander, Tante Josefa, Onkel Pawel. Die Frau küßte das Bild und bekreuzigte sich. Wer ich sei. Monika? Ah, die Tochter von Hella, ja, Hella kennen sie und Marta und Paul. Wir hatten Verwandte gefunden, Stepan und Marianna Przybylski. Stepan war Josefas Neffe, der Sohn ihres Bruders, Hellas Cousin.

Über die Kurower Jahre von Pawel und Josefa können sie wenig sagen. Sie selbst waren während des Krieges in Deutschland, als Fremdarbeiter, in der Nähe von Hannover, sagte Stepan, in Hamelrosen.

Ha-mel-ro-sen, wiederholte Marianna.

In Jonas' Gesicht erkannte ich meine eigene Verlegenheit, als hätten wir beide vor sechzig Jahren unsere eigenen Verwandten als Kriegsbeute nach Deutschland verschleppt.

Es war nicht so schlimm, sagte Stepan, es sei ihnen ganz gutgegangen auf dem Bauernhof in Hamelrosen. Für Marianna sei es schwerer gewesen, sie hätte zwei Kinder geboren in der Zeit, dazu die Arbeit.

Die Kinder nannten sie Walter und Josef. Sie wuchsen zusammen mit den deutschen Kindern auf. Und als sie 1946 wieder nach Kurow kamen, wurde Marianna gefragt: Was hast du für Kinder, sie sprechen Deutsch.

Sie wären damals gern in Deutschland geblieben, erzählte Stepan, aber das wurde ihnen nicht erlaubt wegen der vielen deutschen Flüchtlinge, da war für sie kein Platz mehr.

Sie zeigten uns, wo einmal Jadwigas Haus stand, in

dem Pawel und Josefa gewohnt haben, schräg über die Straße, hinter dem großen Haus, neben dem Schuppen. Von Jadwigas Haus war nichts mehr zu finden als der Grund, auf dem es einmal gestanden hatte. Aber dort, gleich nebenan, sagte Stepan wie uns zum Trost, in dem kleinen weißen Haus seines Nachbarn, darin hätten sie die brauchbaren Reste von Jadwigas Haus vermauert.

Marianna lud uns ins Haus. Wir saßen um den Küchentisch mit einer ehemals weißen Wachstuchdecke darauf, halfen uns mit kleinen Seufzern des Erstaunens oder einem Lächeln über die Pausen hinweg. Die einfachen Dinge waren abgefragt. Was ich wissen wollte, konnte ich nicht erfahren, und mir fiel einfach nicht ein, wonach ich sonst hätte fragen können. Was konnte ich hier finden? Eine Landschaft, ein Dorf wie tausend andere Dörfer, ein Haus, das es nicht mehr gab, Josefas Neffen, der kein Zeuge jener Jahre war, die mich interessierten. Ich wollte raus aus der ärmlichen Küche, in der es nach alten Leuten und nach altem Essen roch, ich wollte die einsamen, beängstigenden Schneidezähne in den Mündern meiner Verwandten nicht mehr sehen müssen.

Wo wohnt ihre Tochter jetzt? sagte ich der Dolmetscherin, damit sie es für mich fragt. Die Tochter wohnt in Lodz, sie heißt Feliksa. Ob ich sie später besuchen möchte. Ich sagte, wir hätten leider zu wenig Zeit.

Plötzlich sagte Stepan: Schillerpromenade 41. Wie eine kleine Erinnerungswelle schwappte unsere Adresse

Josefas Grab

aus seinem Mund; so beweiskräftig wie die Fotos meiner Großeltern in meiner Hand, die einzigen Zeichen unserer Verwandtschaft. Während seiner Zeit als Fremdarbeiter hatte er einmal Urlaub bekommen, um nach Polen zu fahren. Auf der Rückreise kam er über Berlin und besuchte seine Kusinen Marta und Hella. Im Korridor hätte ein Kinderwagen gestanden, das Kind dazu hätte er aber nicht gesehen.

Das Kind war ich, sagte ich.

Schon in Kurow hatte ich Zweifel, ob der Ort, ob Marianna und Stepan den Versuch, mich an meine Großeltern zu erinnern, erleichtern würden. Selbst als wir die kleine Holzkirche in Wygielzow besichtigten, in der Josefa getauft worden war und die Kommunion empfangen hatte, sogar als wir vor ihrem Grab standen, fragte ich mich, ob mich all diese Bilder nicht eher störten, ob die Festlegungen mir meinen Weg der Annäherung nicht verstellten. Den Innenraum der Kirche hatte man zu einem Drittel renoviert. Ein riesiger lackschwarzer Altar, von vier weiß und golden lackierten Figuren gerahmt, kündeten nun bedrohlich von der Zukunft der naiven bäuerlichen Malerei des Kirchenschiffs, an dem, wie uns die Schlüsselverwalterin der Kirche erklärte, das Modernisierungs-

94

werk fortgeführt würde, sobald man wieder zu Geld gekommen sei. Die Kirche, die ich Josefas Kindheit ohne weiteres Nachdenken zugeordnet hatte, war karg und weiß, wie die protestantischen Dorfkirchen Mecklenburgs und Brandenburgs, die ich kannte. Nun weiß ich, daß sie bemalt war. Was ändert das?

Seit Stepan und Marianna nicht mehr mit dem Fahrrad nach Wygielzow fahren können, entscheidet die Natur, was auf Josefas Grab wächst. Lange weiche Gräser und zarter Feldmohn hatten sich auf dem kleinen Hügel niedergelassen. Das verzierte Eisenkreuz haben die Kurower Verwandten nach dem Krieg setzen lassen. Das Todesjahr ist darauf als 1947 vermerkt, vermutlich ein Irrtum des Schriftmalers, der nicht korrigiert wurde.

Da lag meine Großmutter, hundertachtzehn Jahre früher geboren, seit fünfundfünfzig Jahren tot. Stepan und die Dolmetscherin bekreuzigten sich. Jonas fotografierte. Ich dachte an das Foto von Josefa, auf dem sie die dicke Wolljacke trägt und die Hände gerade in die Spülschüssel taucht.

* * *

Am 18. Juli 1939 kamen Josefa und Pawel nach Kurow. Jemand muß sie von der Bahn abgeholt haben; nach Kurow fährt kein Zug. Nur einmal waren sie gemeinsam in Josefas Dorf gefahren, zehn Jahre vorher, als Pawel seiner jüngsten Tochter Geld für den Friseur

*Pawel und
Josefa in
Kurow*

hinterlassen hatte, damit sie sich einen Bubikopf schneiden lassen konnte. Damals waren sie als der Besuch aus der Stadt gekommen, als die Verwandten, die es geschafft hatten. Jetzt kamen sie als Vertriebene, die Obdach suchten.

Es ist Sommer. Mein Großvater hat für meine Großmutter einen Stuhl hinter das Haus getragen. Drei Jahre später wird er das an seine Kinder schreiben: »… habe ich mich die Tage zuvor gefreut, daß Mama in den warmen und sonnigen Tagen sich ums Haus erging. Ich habe ihr einen Schemel hingestellt, in der Sonne zu sitzen. Auf diese Weise glaubte ich, wird sie wieder zu essen anfangen und es wird besser werden. Und an einem solchen Tag gegen Abend, als Mama gerade draußen war, kam der verhängnisvolle Ruf, nach Belchatow zu gehen.«

Aber noch ist es der Juli 1939. Meine Großeltern sind vor drei oder fünf oder sechs Tagen in Kurow angekommen. Ihnen gehören zwei Schlafstellen in Jadwigas kleinem Haus und die Kleider in ihren Koffern. Pawel hat für seine Frau einen Schemel oder einen Stuhl hinter das Haus getragen. Meine Großmutter sieht über das abgeerntete Feld hinter Jadwigas Haus oder in den Himmel oder auf die sandige Erde zu ihren Füßen. Da sitzt sie nun wieder in dem Dorf, das

96

sie als junges Mädchen verlassen hat, als gälten alle Anstrengungen der vergangenen Jahrzehnte nichts, als hätten die vierunddreißig Jahre in Berlin ihnen nicht zugestanden, als gehörten sie und ihr Mann nicht einmal mehr zu den eigenen Kindern. Weint sie? Oder betet sie? Fragt sie ihren Gott, womit sie diese Strafe verdient hat? Flackert vielleicht, nur für einen einzigen kurzen Augenblick, der Gedanke auf, daß es vielleicht doch eine Sünde war, einen Juden zu heiraten?

Juscha, sagt mein Großvater. Was sagt er noch? Was kann er, der sich als Verursacher ihres Unglücks fühlt, ihr sagen? Juscha, sagt mein Großvater, die Kinder werden bald schreiben.

Im August erhielt Hella die Erlaubnis der Zollbehörde, ihren Eltern den Hausrat nachzuschicken, die Nähmaschine, die Betten, das Geschirr, die Wäsche. Mehr als die Mitteilung, daß sie ihr Frachtgut in Empfang nehmen könnten, haben Pawel und Josefa davon nicht wieder gesehen. Inzwischen war Krieg und der Zug, in dem sich alles befand, worauf sie ihr Leben in Kurow hatten begründen wollen, wurde geplündert.

Im Oktober schrieb Hella an ihre Eltern: »Es ist natürlich ärgerlich mit den verlorengegangenen Sachen, aber Gott sei Dank, sind Sachen kein lebendes Wesen, sondern tote Gegenstände

und gehen zu ersetzen... Ich habe mir bei der Firma noch einmal zeigen lassen, wann der Transport abgegangen ist. Es war am 16. August. Und sie haben mir den Spediteur genannt, der drüben die Sachen in Empfang nimmt. Es ist: Polski Loyd Lodz. Papa, vielleicht kannst Du Dich mal dort hinwenden. Versuch es doch einmal. Sonst kann man gar keinen für die Sachen verantwortlich machen, es war ja Krieg. Allerdings fing der Krieg erst viel später an, aber was soll man machen?«

* * *

Am 7. Mai 1942, fünfzehn Tage nachdem man ihn von seiner kranken Frau getrennt und in das Ghetto Belchatow beordert hatte, schrieb Pawel an seine Kinder:
»Es muß doch ein zu ungeheuerliches Verbrechen sein, Jüdischer Abstammung zu sein, aber glaubt es mir, liebe Kinder, ich hab es nicht verschuldet. Wenn mir die Eltern zur Wahl gestellt worden wären, ich hätte mir womöglich auch andere Eltern gewählt aber ich mußte es auch so nehmen, wie es mir geboten wurde.«
Als Pawel das schrieb, wäre sein Vater hundert und seine Mutter achtundneunzig Jahre alt gewesen, und es ist anzunehmen, daß sie schon lange nicht mehr lebten. Nur dieses eine Mal erwähnt er seine jüdische Familie, und nur als die unfreiwillige Herkunft, die ungewollten Eltern.

Sogar im Ghetto, zurückgeworfen in die jüdische Schicksalsgemeinschaft, verwünscht er noch einmal seine Abstammung, indem er sich noch einmal von den Eltern lossagt. Ich kann mir nicht vorstellen, daß Pawel diesen Satz geschrieben hätte, wäre seiner Absage an das Judentum nicht der Bruch mit den Eltern vorausgegangen. Ein Jude aber, der mit seiner Familie oder dessen Familie mit ihm gebrochen hatte, erklärte mir ein aus Polen stammender Rabbi, mußte konvertieren, weil er ohne eine Unterstützungsgemeinschaft nicht hätte überleben können. Vielleicht war es so; vielleicht aber hatte die Familie Iglarz aus Ostrow ihren Sohn Schloma auch totgesagt, nachdem er der Baptist Pawel Iglarz geworden war. Wer immer diese alles bestimmende Entscheidung in Pawels Leben getroffen hatte, sie galt nicht mehr. Den Juden wurden die verstoßenen oder entlaufenen Söhne und Töchter in den Ghettos und Gaskammern wieder zugetrieben.

Am 8. September 1939 besetzte die deutsche Wehrmacht Ostrow-Masowiecka. Der Nichtangriffspakt zwischen Hitler und Stalin vom 23. August 1939 enthielt ein geheimes Zusatzdokument, in dem Deutschland und die Sowjetunion Polen untereinander aufteilten. Der Sowjetunion wurden die östlichen Gebiete zugesprochen, in denen vor allem Ukrainer und Ruthenen, aber auch 3,5 Millionen Polen und mehr als eine Million Juden lebten. Deutschland beanspruchte den gesamten geschlossenen polnischen Siedlungsraum, mit Ausnahme des Gebietes von Bialystok. Die Grenze zwischen den deutschen und russischen Gebieten verlief östlich von Ostrow-Mazowiecka. Die 7000 Juden der Stadt wurden in die sowjetischen Gebiete vertrieben; 560 von ihnen weigerten sich, Ostrow zu verlassen. Sie wurden am 11. November 1939 in einem Wald außerhalb der Stadt erschossen. Alle anderen Ostrower Juden fielen mit dem deutschen Angriff auf die Sowjetunion im Juni 1941 wieder unter die Herrschaft der Deutschen. Das Ghetto von Bialystok wurde im August 1943 liquidiert; ein Jahr später als das Ghetto in Belchatow. Wenn die Verwandten meines Großvaters nicht zu den 560 Juden gehörten, die im Ostrower Wald erschossen wurden, ist es möglich, daß sie ihn um ein Jahr überlebt haben.

* * *

Nach dem Krieg lebten noch dreihunderttausend Juden in Polen. Heute, sagt man, sollen es noch fünf- bis zehntausend sein. In Ostrow-Mazowiecka leben keine Juden mehr. Unter dem Wort Jüdisch findet sich im Telefonbuch nichts, keine Gemeinde, kein Museum, kein Büro, nichts. Wir haben keine Inschrift gefunden, keinen Gedenkstein, nur einen Stein für die Handwerker von Ostrow, die in den Jahren 1939 bis 1945 von den Deutschen ermordet wurden. Viele Handwerker waren Juden, und da, wie der Direktor des Gymnasiums uns erklärte, die meisten Juden sich auch als Polen gefühlt hätten, schließe das Gedenken an die ermordeten Handwerker die ermordeten Juden ein.

Wir haben in Ostrow nur von einem Juden gehört, von Buleczko. Zum ersten Mal nannte den Namen der junge Mann, der gesehen hatte, wie man in der Ulica Broniewskiego die Skelette aus der Erde gerissen hatte. Seine Mutter hatte Buleczko gekannt und erzählt, daß er oder sein Sohn nach Israel ausgewandert sei, oder nach Amerika.

Als wir das halbverfallene weiße Haus, dessen Fundamenten die begrabenen Juden hatten weichen müssen, umstrichen und den Sinn seiner Existenz zu ergründen suchten, beobachtete uns ein Mann, der, beide Arme auf seinen Gartenzaun gelehnt, darauf zu warten schien, daß wir ihn etwas fragten. Neben ihm stand sein kniehoher Hund und bellte pflichtbewußt. Der Mann und seine Frau wohnten seit 1947 in dem Haus gegenüber der Wiese. Nach dem Krieg sei er aus den Ostgebieten hierher gekommen. Damals gab es schon keinen Friedhof mehr, die Deutschen hatten ihn zerstört. 1947 sah der Platz genauso aus wie heute, nur das Haus stand noch nicht da. Nein, Juden hat er nicht gekannt in Ostrow. Als er kam, gab es keine Juden mehr, nur einen, der hieß Buleczko, aber er wisse nicht, was aus dem geworden sei.

Es war schon später Nachmittag, zu spät, um in Behörden oder Ämtern noch Auskünfte einzuholen. Wir liefen ziellos von hier nach da, wie die vielen streunenden Ostrower Hunde, die sich von ihrer dicht über der Erde spürenden Nase führen ließen, hin und wieder den Kopf aufwärtsreckten und Witterung aus der Luft aufnahmen. Einmal verschwand Agnes, unsere Dolmetscherin, durch ein halboffenes Hoftor, hinter dem sie einen sehr alten Mann entdeckt hatte. Uns konnten nur Alte weiterhelfen. Der Mann stand mit einem uns mißtrauisch musternden Kind, wahrscheinlich seinem Enkelkind, vor seinem Holzhäuschen. Nein, er kenne keine Juden. Die Deutschen hätten damals viele erschossen, die anderen vertrieben, das hätte er erlebt, sagte er. Seine Kleider starrten vor Dreck. Er stank, noch am Abend hatte ich seinen Gestank in der Nase. Wir wollten schon weitergehen, als er sagte, er hätte doch einen Juden nach dem Krieg gekannt, einen Buleczko, er könne uns sogar das Haus zeigen, in dem Buleczko gewohnt hätte.

Er fuhr auf dem Fahrrad vor uns her bis zu dem zweistöckigen, rosa angestrichenen, inzwischen wieder gräulich verschmutzten Steinhaus, für Ostrower Verhältnisse ein Prachtbau, mit einem Textilgeschäft und einem Friseur für Damen und Herren im Hochparterre. Wir klopften an einige Türen, aber niemand öffnete. In der ersten Etage schloß sich eine Wohnungstür hinter einem Männerrücken. Wir stiegen nach oben, klopften an die Tür, die sich eben geschlossen hatte, eine Frau öffnete. Sie wußte nichts über Buleczko, aber die Kunicka aus dem Parterre könne uns etwas über ihn sagen. Sie brachte uns zur

Wohnung der Kunicka, aber die Kunicka war nicht zu Hause. Dann sei sie bei ihren Kindern, sagte die Frau, und käme erst am späten Abend wieder.

Beim Abendessen in unserm Hotel im vierzig Kilometer entfernten Lomza löffelten wir Rote-Rüben-Suppe, die eigentlich nur würziges rotes Wasser war, stocherten in kleinen kohlgefüllten Piroggen und fragten uns, was wir erwartet hatten. Nicht viel, sagte ich; viel bestimmt nicht, sagte auch Hella; und Jonas fragte, wie er das Nichts fotografieren solle.

Am nächsten Morgen gingen wir zuerst in die Stadtbibliothek, wo eine blonde Frau von Mitte Dreißig sich als unerwartet hilfreich und freundlich erwies. Viel hätte sie nicht, sagte sie, zwei Broschüren, einen Sammelband zur Geschichte, in dem für uns zwei Seiten interessant waren, die sie auch gleich aufschlug. Die geschriebene Geschichte von Ostrow-Mazowiecka ist polnische Geschichte. Die sechzig Prozent Juden der Stadt werden nicht verschwiegen; es gab sie einmal, und dann gab es sie nicht mehr. Die Bibliothekarin brachte uns einen Band des jüdischen Sterberegisters für die Jahre 1847/48, es existierte wohl nur noch der eine. Als wir darin zweimal den Namen Iglarz fanden, triumphierten wir, als hätte es dieser Bestätigung bedurft, um zu glauben, daß wir zu Recht in Ostrow suchten, als sei es bis dahin nicht sicher gewesen, daß wirklich Iglarz in Ostrow gelebt hatten, obwohl ich doch die Geburtsurkunde meines Großvaters besaß, sogar in zwei Sprachen, und die Trauungsurkunde meiner Urgroßeltern. Aber im tristen Licht des Vortags und nach dem Anblick der scheinheiligen Wiese mit dem weißen Haus darauf war dieses Zeugnis, das nicht getilgte Wort, der nicht gelöschte Name Iglarz, wie eine Erlösung für uns. Weil die Bibliothekarin uns die Dokumente nicht überlassen durfte, die Bibliothek aber keinen Kopierer besaß, begleitete sie uns in einen Copy-Laden. Unterwegs sagte sie zu Agnes, sie solle mir übersetzen, daß Polen erschossen wurden, wenn sie Juden versteckten, das müsse ich unbedingt wissen. Bis zu diesem Augenblick hatte ich nicht daran gedacht, daß die Ostrower uns für Juden halten mußten, Nachfahren von Juden und selbst Juden. Eher hatte ich ein kleines Unbehagen dabei empfunden, mich in deutscher Sprache nach dem Schicksal von Juden zu erkundigen.

Gibt es noch Juden in Ostrow, fragte ich.

Es gebe Leute, die jüdische Namen hätten oder Namen, die irgendwie an jüdische Namen erinnerten, aber sie kenne niemanden, der sich selbst als Juden bezeichne. Ihre Mutter hätte noch einen Juden in Ostrow gekannt, der hieß Buleczko, wahrscheinlich sei er inzwischen längst gestorben. Von ihrer Mutter wisse sie, daß Buleczko im Versteck überlebt hat, im Wald, vielleicht auch bei Leuten.

Später versuchten wir, Herrn Filipp zu erreichen. Herr Filipp war Vorsitzender des Freundeskreises von Ostrow-Mazowiecka und sollte eine Sammlung alter Fotos verwahren. Seinen Namen wußten wir von

Herrn M. aus Warschau, dessen Telefonnummer ich in Berlin erfahren hatte und mit dem Agnes und ich am Morgen fast eine Stunde telefoniert hatten.

Herr M. war Ahnenforscher von Beruf und hatte offenbar fast in jeder polnischen Stadt seine Gewährsleute. In Ostrow kannte er außer Herrn Filipp eine Standesbeamtin, die er in unserer Angelegenheit anzurufen versprach, auf keinen Fall sollten wir sie selbst anrufen, jedenfalls nicht vor dem nächsten Tag. Außerdem wußte Herr M., daß ein Priester, dessen Namen er nicht kannte, eine Arbeit über die Geschichte der Ostrower Juden geschrieben hatte.

Herr Filipp sei in Poznan, sagte seine Schwester, sie selbst sei krank. Über den Freundeskreis wisse sie nichts, auch nichts über die Fotos. Wann ihr Bruder zurückkäme, könne sie nicht sagen.

Wir gingen zur Kirche, um den Priester nach der Arbeit seines Kollegen über die Juden von Ostrow zu fragen. Die Kirche war verschlossen. Die Gläubigen knieten im Vorraum und beteten. Und die Kunicka war auch nicht zu Hause. Am Tag zuvor sei sie fünf Minuten, nachdem wir gegangen waren, gekommen, sagte ihre Nachbarin, nun sei sie aber wieder zu ihren Kindern gefahren, zwei Kilometer vor der Stadt, die genaue Adresse wisse sie nicht.

Wir versuchten es im Gymnasium; ein Gymnasium ist auch für die Geschichte der eigenen Stadt zuständig, dachte ich. Der Direktor bestellte uns für den nächsten Tag.

Auch am nächsten Tag war die Kirche geschlossen. Der Priester wohne gleich im Block nebenan, sagte ein Mann. Die Haushälterin des Priesters erinnerte mich an Canettis Therese, sie verströmte Feindseligkeit wie Weihwasser seinen Duft. Der Priester sei in Warschau beim Arzt, sagte sie, er käme morgen zurück oder auch später. Außerdem lebe er erst seit drei Jahren in Ostrow und wisse darum über das Problem, das uns interessierte, nur wenig.

Während wir vor dem Gymnasium auf unseren Termin beim Direktor warteten, kam ein Priester vorbei, den Agnes fragte, wann sein Kollege vom Arztbesuch in Warschau zu erwarten sei. Sie erklärte auch, warum wir ihn sprechen wollten. Er hätte soeben das Auto seines Bruders gesehen, sagte der Priester, er müsse also zurück sein.

Der Direktor erzählte uns von einem jüdischen Absolventen des Gymnasiums, der zu einem Klassentreffen aus Israel angereist war. Er hätte in Israel Karriere gemacht und sei Journalist geworden, sagte der Direktor. Später hätte er über seinen Aufenthalt in Ostrow geschrieben, er sei begeistert gewesen. Der Direktor redete schneller, als Agnes übersetzen konnte, obwohl sie sehr gut übersetzte. Zwischendurch klingelte das Telefon, und der Priester, der wirklich aus Warschau zurückgekommen war, ließ uns ausrichten, er hätte keine Zeit für uns. Der Direktor überreichte uns ein Buch über die Verbrechen der Deutschen an russischen Kriegsgefangenen und jedem einen Wimpel seines Gymnasiums, küßte Hella, Agnes und mir die Hand und öffnete uns selbst die Tür.

Die Standesbeamtin des Herrn M. hatte Urlaub. Nach einem Telefongespräch erklärte sich ihre Kollegin bereit, für uns im Geburtenregister nach Iglarz zu suchen, aber erst am Nachmittag.

Die Kunicka war wieder nicht zu Hause. Auf der Straße trafen wir drei Frauen aus Buleczkos Haus, unter ihnen die Nachbarin der Kunicka. Sie winkte schon von weitem. Jetzt sei die Kunicka nach Katowice zu ihrer Tochter gefahren, hätte ihr aber vorher alles über Buleczko erzählt, also: Buleczko war verheiratet und hatte zwei Kinder, Janusz und Ewa, er selbst hieß Adam. Nach der Scheidung zog die Frau in die Stadt und nahm die Tochter mit, der Sohn blieb beim Vater. Buleczko hat mit Leder gehandelt, er hat es selbst gegerbt und dann verkauft, da, wo heute das Finanzamt ist, hatte er einen Verschlag, keinen richtigen Laden; wer Leder brauchte, hat es bei ihm gekauft. Anfang der sechziger Jahre ist er gestorben, aber bestimmt nicht in diesem Haus. Sein Sohn ist in die Stadt gezogen oder nach Amerika oder nach Israel wie die Juden aus dem Haus gegenüber, die sind alle nach Israel ausgewandert, die ganze Familie. Und daß Buleczko groß und schön war, hätte die Kunicka gesagt, groß und schön. Mehr wisse die Kunicka nicht.

Auf dem Standesamt erfuhren wir, daß Etka Iglarz 1894 geboren wurde, Chaim Iglarz 1895, Wiezra Iglarz 1897, Chaim Lejsor Iglarz 1899, Chcje und Icek

Iglarz 1901. Die früheren Jahrgänge, in denen wir nach Pawels Geschwistern hätten suchen können, waren ausgelagert; die späteren interessierten uns nicht. 1900 hatte Pawel Ostrow schon verlassen.

Wo Pawel in Ostrow gelebt hatte, was uns vor allem interessierte, in welcher Straße, in welchem Haus, konnte die Standesbeamtin uns nicht sagen. Das könnten wir in einem anderen Amt in einer anderen Stadt erfahren, eine Mitteilung, der ich mißtraute, da man mir schon in Berlin die Auskunftsunwilligkeit der Behörden prophezeit hatte. Jüdische Nachkommen, die nach den Häusern ihrer Vorfahren fragten, erweckten Argwohn.

Abends, im Hotel in Lomza, waren wir keine Juden mehr; in Lomza waren wir Deutsche. Polen waren wir nirgends und für niemanden, obwohl wir alle mehr polnische Anteile als jüdische haben, und obwohl Hella und ich bis 1953 sogar polnische Staatsbürger waren. In Ostrow fielen Hella ein paar polnische Wörter ein, Flüche, die ihre älteren Brüder ihr siebzig oder fünfundsiebzig Jahre vorher einmal beigebracht hatten. Als kleines Mädchen hat Hella nur Polnisch gesprochen; später sprach sie nur noch Deutsch. Ich hatte gehofft, die Sprache und der Ort, auch wenn Hella ihn nie zuvor betreten hatte, würden andere Erinnerungen in ihr wecken, einen Satz, vielleicht nur einen halben Satz ihres Vaters, ein zufällig gehörtes und sorglos vergessenes Wort.

Hella war in den vergangenen drei Tagen eher schweigsam mitgelaufen. Sie wußte, daß wir etwas von ihr erwarteten, und manchmal war ihr Gesicht ganz leer von der Anstrengung, die ihr die Suche nach dem verlorenen, vielleicht nie besessenen Wissen bereitete.

Ihr guckt mich immer so an, Kinder, aber es gibt nichts, sagte sie, mir fällt nichts ein.

Und Jonas, der sah, daß seine Großmutter Trost brauchte, sagte: Eigentlich hat ja dein Vater mit dem Vergessen angefangen.

Als wir abfuhren, wußten wir, daß in Ostrow-Mazowiecka einmal der Jude Adam Buleczko gelebt hat, der zwei Kinder hatte, mit Leder handelte und groß und schön war. Über Pawel hatten wir nur erfahren, daß er aus einem armseligen Städtchen kam.

* * *

Es stimmt, daß Pawel mit dem Vergessen angefangen hat. Er hat seinen Kindern nichts erzählen wollen über die orthodoxe Welt, die er verlassen und die ihn totgesagt hatte. Er hat den Kaddisch beantwortet, indem er die, die ihn vermutlich über ihn gesprochen hatten, nun selbst totschwieg.

Darum wissen wir nichts über seine Erziehung, seine Bildung, wir wissen nicht, warum er außer Polnisch und Jiddisch auch Russisch, Deutsch und Hebräisch sprach, ob sein Vater wirklich Analphabet war, oder ob er vielleicht nur nicht Russisch und Polnisch schreiben konnte, wohl aber Hebräisch. Wir wissen nicht, warum Pawel Ostrow verlassen hat und nicht bleiben wollte, als was er geboren war: Jude. Er hat die Erinnerung an seine Herkunft seinen Kindern nicht hinterlassen wollen. Und vielleicht wäre sie ja auch vergessen worden, könnten Geschichten über Juden heute erzählt werden wie Geschichten über Katholiken oder Protestanten, deren Konversionen sich als Familienanekdoten, schlimmstenfalls als Familiendramen berichten lassen, ohne in ein Menschheitsdrama zu münden.

Was wäre gewesen, hätten meine Großeltern nach dem Krieg zurückkommen können? Vielleicht starb Josefa gar nicht an Krebs, wie Hella vermutet, und hätte unter weniger elenden Umständen geheilt werden können; Pawel hätte das Ghetto überlebt, und im Mai oder Juni 1945 oder wann immer die ersten Züge von Lodz nach Berlin wieder fuhren, hätten wir sie in Berlin vom Bahnhof abgeholt. Sie wären zu uns in die kleine Wohnung in der Schillerpromenade gezogen, die nicht mehr die Wohnung war, die sie verlassen hatten, denn die hatten Schuberts aus der vierten Etage haben wollen, so daß Marta und Hella mit Schuberts hatten tauschen müssen, was ihnen recht war, denn die Wohnung in der vierten Etage hatte ein Bad, die alte Iglarzsche Wohnung in der zweiten Etage hatte nur eine Toilette. Meine Großeltern wären also zu uns in den vierten Stock gezogen, später hätten wir oder hätten sie eine andere Wohnung gesucht, ganz in der Nähe, so daß wir uns jederzeit hätten besuchen können. Was hätte meine fromme Großmutter zu meiner gottlosen Erziehung gesagt? Hätte sie mir Geschichten aus der Bibel erzählt oder mich zum Gottesdienst mitgenommen und mir das Beten beigebracht? Was hätten meine Großeltern zu Hellas neuem Mann gesagt? In seinem vorletzten Brief, der sein Vermächtnisbrief war, schrieb Pawel an seine Kinder: »Unseren lieben Jungen, den Walter, betrachtet als unseren Sohn, als neuen Bruder, ich brauch euch nicht viel zu erzählen ihr wißt es sicher gut, wie er zu Mama gestanden hat. Haltet mit ihm zusammen, denn das ist er bestimmt wert. Und du, meine liebe Hella, sei gut zu ihm, er ist der wertvollste Mensch, den es gibt.«

Meine Großeltern, wie ich sie mir vorstelle, passen nicht zu unserem Leben nach dem Krieg, jedenfalls nicht zu dem Leben, das wir führten, nachdem wir aus Neukölln weggezogen waren; und das fing schon in Neukölln an. Während des Krieges und kurz nach dem Krieg ging es bei uns wohl ähnlich zu wie in der Wohnküche meiner Großeltern. In meiner Erinnerung sitzen Martas und Hellas Freundinnen ständig um den großen runden Tisch in Hellas Zimmer, als wären sie nie nach Hause gegangen. Eine von ihnen, Lucie, wohnte wirklich bei uns, nachdem sie ausgebombt war. Auch Paul, mein Onkel, den ich so wenig »Onkel« nennen durfte wie die Frauen »Tante«, war immer da, manchmal auch Erika, seine Freundin, die später seine Frau wurde. In dieses Bild passen meine Großeltern noch. Wieder sitzen sie schwarzweiß zwischen ihren farbigen Kindern und ihren Freunden, die redend und lachend Strümpfe stopfen und dabei kostbaren Bohnenkaffee trinken, den Hella oder Lucie oder Paul aufgetrieben hat.

Am Nachmittag geht mein Großvater mit mir spazieren. Ich führe ihn an der Hand durch die Schillerpromenade und höre, wie die Nachbarn ihn grüßen: Guten Tag, Herr Iglarz, schön, daß Sie wieder da sind. Manche sagen nur Guten Tag und gehen schnell weiter. Mein Großvater ist freundlich zu allen, damit mir das Schreckliche verborgen bleibt; so hat er es seinen Kindern geschrieben in dem Brief, der sein Vermächtnisbrief war: »Zeigt niemals dem Kinde, daß es Haß, Neid und Rache giebt. Sie soll ein wertvoller Mensch werden.«

Ich war sechsundfünfzig Jahre alt, als ich Pawels Briefe endlich las. Seit wann hatten Hella und Marta vergessen, daß es sie gibt? Seit vierzig Jahren schon? Oder Josefas Brief an ihren Mann, einen Tag vor ihrem Tod datiert, von dem Hella nicht wußte, warum er auf deutsch und mit der Maschine geschrieben ist. Am 20. Juni 1942 schrieb Pawel an seine Kinder: »Mein lieber Paul, ich schicke dir hier einen Brief mit, den Mama einen Tag vor ihrem Tode an mich diktiert hat. Der Brief zerriß mir das Herz, ich wollte ihn nochmal lesen, aber ich bekomme es nicht fertig. Ich schicke dir also den letzten Brief von Mama an mich mit folgender Bitte: fahrt mal an einem Sonntag alle raus zu Lades und laßt euch den Brief wortgetreu übersetzen und Hella soll denselben mit der Maschine abschreiben und Original und Abschrift gut aufbewahren. Schließt ihn irgend in ein Fach ein, daß er nicht verloren geht, und wenn Monika groß ist zeigt ihr den Brief und erzählt ihr, wie tief unglücklich ihre Großeltern gerade in den alten Tagen geworden sind, vielleicht weint sie dann auch eine Träne.«

Pawels Kinder haben es offenbar gemacht, wie er es gewünscht hat: Sie sind zu Lades gefahren und haben den Brief wortgetreu übersetzen lassen, Hella hat die Übersetzung mit der Maschine abgeschrieben, und sie haben die Abschrift und das Original, auch das fand sich an, gut aufbewahrt. Und dann müssen sie den Brief vergessen haben, denn sie haben ihn mir nicht gezeigt.

Vor diesem Vergessen stehe ich ratlos, so ratlos wie Hella selbst. Das Jahr 1945 sei für sie wie eine Wiedergeburt gewesen, hat Hella gesagt. Eine Wiedergeburt ohne Eltern, ein Neuanfang ohne die Vergangenheit? Mußten nicht nur die Täter, sondern auch die Opfer ihre Trauer verdrängen, um weiterzuleben? Jeder hatte seine Toten, Söhne, Väter, Männer, Freunde. Regierten die einfachen Sätze: Das Leben muß weitergehn; das macht die Toten nicht wieder lebendig? Und später, als das Leben längst weitergegangen war, als die Zeitungen »Neues Leben«, »Neuer Weg«, »Neue Zeit« und »Neues Deutschland« hießen, als die

Gegenwart der Zukunft weichen mußte und die Vergangenheit endgültig überwunden wurde, wurde da auch die eigene Vergangenheit unwichtig?

Oder waren die Jahrzehnte davor so aufs Überleben gerichtet, daß zum Innehalten und Zurückblicken keine Zeit war? Wir haben immer so nach vorn gelebt, sagt Hella.

* * *

Nach dem Kriegsbeginn wurde das Arbeitsverbot für Ausländer, von dem nur Haushaltsarbeit für jüdische Familien ausgenommen war, aufgehoben. Die jüdische Familie, bei der Marta gearbeitet hatte, war 1938 emigriert. Zum Abschied hatten sie Marta eine Vase geschenkt, eine mit Hagebutten und grünem Blattwerk berankte Gallévase, die mir zwischen unserem schlichten Hausrat immer sonderbar und fremd vorgekommen war. Als Marta starb, war diese Vase das Kostbarste, was sie zu vererben hatte, und weil ich ihre einzige Erbin war, steht die Vase nun bei mir. Wie ein schönes Denkmal. Marta nahm eine Stellung als Näherin bei der Schneiderei Schröder am Herrfurthplatz an, und Hella wurde Lohnbuchhalterin in der Likörfabrik und Weingroßhandlung Melchers. Walter war schon am 1. September 1939 eingezogen worden. Paul, der als Pole und Halbjude vom Wehrdienst ausgeschlossen war, arbeitete als Zuschneider in dem berühmten Modeatelier Herpig in der Leipziger Straße. Warum er nicht, wie seine Schwestern, vom

Arbeitsverbot betroffen war, weiß Hella nicht mehr. Einmal mußte Paul sogar zu Göring nach Karinhall fahren, um Maß zu nehmen oder zur Anprobe. Kurz nach Kriegsbeginn wurden alle ausländischen Angestellten aufgefordert, sich bei der Firmenleitung zu melden. Sie wurden auf Lastwagen verladen und in die Messehallen am Funkturm gebracht. Nach einigen Tagen wurde Paul wieder freigelassen, weil er auf die Frage, wer von einem deutschen Elternteil abstamme, behauptet hatte, sein Mutter käme aus Posen. Später wurde Paul in der Waffenfabrik »Mauser« dienstverpflichtet.

Hella sagt, daß sie sich an das Leben im Krieg gut erinnert, obwohl ihre Erinnerungen ihr nachträglich ganz unvorstellbar seien; wie sie inmitten der Bomben mit der Angst und der Sorge um die Eltern leben konnten, als wäre dieses Leben normal. Keine Gelegenheit zu feiern hätten sie ausgelassen, Geburtstage, Jahrestage, Feiertage, Wein und Likör hatten sie genug, die Likörfabrik und Weingroßhandlung Melchers erwies sich während des Krieges als glücklicher Arbeitsplatz, nicht nur wegen der Alkoholdeputate. Nur der Personaldirektor Herr Selig wußte, daß Hella nicht nur Polin, sondern auch Halbjüdin war, und er behielt dieses Geheimnis bis zum Ende des Krieges für sich, was ihm nach dem Krieg zu dem benötigten Persilschein verhalf, auf dem Hella Herrn Selig menschliche Anständigkeit bestätigte.

Hella sagt, ich könne mir gar nicht vorstellen, wie ausgelassen und albern sie oft gewesen seien, Lucie hätte manchmal sogar auf dem Tisch getanzt. Meistens trafen sich die Freundinnen bei Marta und Hella. Selten, nur wenn es einen Schlafplatz für mich gab, konnte Hella ihre Freunde besuchen, und dann kam es vor, daß wir in einem fremden Luftschutzkeller die Fliegerangriffe überstehen mußten. Die Bomben konnten ja das eigene Haus treffen wie das fremde, sagt Hella, der Tod war dem Zufall überlassen.

Daß der Krieg einen Alltag hat, erscheint rückblickend sogar denen unbegreiflich, die es selbst erlebt haben. Die Erinnerung an das Grauen will das Banale daraus verbannen. Aber, das bezeugen Hellas Briefe an ihre Eltern, das Alltägliche wird bedeutender, je gefährdeter es ist: ein Stück Butter, ein Paar Schuhe ohne Bezugsschein, ein warmer Mantel, eine Ration Kaffee, Schlaf in der Nacht, überleben, überleben wollen. Und wer das Leben als Krieg kennenlernt wie wir, die in diesen Krieg hineingeboren wurden, hält der den Krieg für das normale Leben? Und wenn der Krieg fortgedauert hätte, dreißig Jahre wie in Vietnam oder im Libanon, wenn Generationen gestorben wären, ohne Frieden gekannt zu haben, hätten sie geglaubt: so ist das Leben; Leben ist Krieg?

Ich wage es fast nicht zu schreiben, aber der Satz: »Ich bin ein Kriegskind« hatte für mich seit jeher einen poetischen Reiz. Dahinter steckt ein vergessenes Geheimnis. Vier Jahre Bomben, Sirenen, die tote Tochter vom Kaufmann Kupicki, ein dunkles Bild von gedrängt sitzenden Menschen im Luftschutzkeller, ich stehe in der Mitte und singe: »In der Nacht ist der Mensch nicht gern alleine…« Weiß ich das wirklich noch? Oder hat Hella es erzählt? Hella kann sich daran nicht erinnern, also weiß ich es noch; als einziges, außer dem Hering, der nach dem Angriff einfach aus der Schüssel auf dem Fensterbrett verschwunden war, vom Luftdruck durchs offene Fenster geschleudert, wie Marta sagte oder Hella. Der verlorene Fisch und ich, singend im Keller, meine einzigen Erinnerungen an vier Jahre Krieg? Die ersten fünf Lebensjahre sind die wichtigsten, heißt es. Wo ist der Krieg in mir geblieben? Irgendwo muß er stecken, aber ich erkenne ihn nicht, außer in dem fernen Schrecken, wenn eine Sirene heult oder wenn Sylvester das Feuerwerk kracht.

Es war wohl im Luftschutzkeller, vermutet Hella, daß die Frauen der Familie F. und der Familie Iglarz ihr Schweigen aufgaben und das Gespräch, das ihre Väter fast vierzig Jahre zuvor begonnen hatten, wieder fortsetzten. Während der Kriegsjahre seien sie Freundinnen geworden, Hannchen, Christa, Marta und sie, sagt Hella. Hannchens Mann Gustav, dem ehemaligen Kommunisten, hat seine Mitgliedschaft in der SA wenig genutzt. Er wurde als einer der ersten eingezogen. Ein richtiger Nazi war Gustav auch nicht, sagt Hella, einen richtigen Nazi hätte Hannchen gar nicht lieben können. Gustav hätte wohl einmal auf der Seite der Sieger stehen wollen.

Mitte oder Ende der achtziger Jahre, als ich mein altes Haus in der Schillerpromenade besuchte, fand ich Hannchens und Gustavs Namen noch im Stillen Portier. Ich klingelte in der dritten Etage. Eine etwa sechzigjährige Frau öffnete mir, Hannchens Tochter Christa. Ich nannte ihr meinen Namen, ich sei Monika Maron, sagte ich, und sie schrie nach hinten über den Korridor: Mutti, rat mal, wer gekommen ist, Monika Iglarz ist da.

Wir saßen an dem großen Tisch im Wohnzimmer, tranken Kirschlikör und sprachen über die Zeiten, in denen wir alle noch in dem Haus gewohnt hatten. Gustav war einige Jahre zuvor gestorben. Ob ich mich an ihn erinnere, fragten sie, und ob ich noch wisse, wie oft ich bei ihnen gewesen sei, da nebenan in der Küche. Ich wußte es noch. Dann, unvermittelt, sagte Christa, daß sie es ja gesehen hätten.

Ich verstand nicht, wovon sie sprach, und fragte, was sie gesehen hätten. Und sie sagte: Na das, wir haben gesehen, wie sie deinen Großvater weggebracht haben.

Ich weiß nicht, ob sie glaubten, daß ich gekommen war, um sie danach zu fragen. Ich hätte sie nicht gefragt.

Christa erzählte, sie hätten gerade zufällig die Tischdecke ausgeschüttelt. Nicht, Mutti, wir haben doch gerade die Tischdecke ausgeschüttelt. Und zu mir: Nicht, daß du denkst, wir hätten aus Neugier hinter der Gardine gestanden. Es war wirklich Zufall.

Der Tag, über den sie sprach, ein Tag im November 1938, lag fast fünfzig Jahre zurück. Ich hätte es nicht schlimm gefunden, wenn sie einfach hinter der Gardine gestanden und zugesehen hätten, wie sie Pawel wegbrachten. Selbst Josefa und die Kinder hatten ja nichts anderes tun können als zusehen.

Hannchen erinnerte sich genau, wie Gustav eines Tages aus der Kneipe kam und sagte: Es gibt bald Krieg. Krieg hatte Gustav nicht gewollt, Krieg hat doch keiner gewollt, sagte Hannchen.

Wegen seines Alters und eines steifen Fingers an der rechten Hand wurde Gustav bald wieder ausgemustert und als Luftschutzwart unseres Hauses eingesetzt. Er hätte unter anderem dafür zu sorgen gehabt, daß Hella, Marta und ich diesen Keller nicht benutzten, wie es die Rassengesetze vorschrieben. Aber das hat er nicht gemacht, sagte Hannchen. Er könne nicht zulassen, daß zwei Frauen mit einem Säugling ausgesperrt würden, hätte er gesagt und uns auf seine Verantwortung in den Keller gelassen.

Hella erinnert sich weder an das Verbot, den Luftschutzkeller zu benutzen, noch an Gustav als Luftschutzwart. Sie hätte geglaubt, Gustav sei bis zum Schluß Soldat gewesen, sagt sie.

Aber Gustavs Tochter Christa sagt, ihr Vater sei nach dem Polenfeldzug aus der Wehrmacht entlassen und bald darauf zum Luftschutzwart ernannt worden. Erst zum Kriegsende sei er wieder eingezogen worden, als Pionier auf einem Sturmboot vor Rotterdam. Obwohl

Hella 1940

er nicht schwimmen konnte, sagt Christa.

In den Briefen an ihre Eltern erwähnt Hella Hannchen und Gustav nicht. Zur Versöhnung muß es später gekommen sein, nach dem Sommer 1942, als Josefa und Pawel schon nicht mehr lebten.

Hellas Briefe lesen sich wie ein einziger, um Frohsinn bemühter, die Bedrängnisse und Gefahren eher aussparender Begleittext zum Leben der Iglarzschen Geschwister in Berlin. Keine großen Themen, dafür immer wieder das Wetter, der Besuch von gestern, das Essen von heute, eine Nachfrage, das letzte Paket betreffend, Geschichten aus der Nachbarschaft; Frau H. wartet seit sechs Wochen vergeblich auf eine Nachricht von ihrem Kurtchen an der Front, das Bäckermädchen aus der Selchower Straße hat geheiratet. Einmal schreibt Hella: »Papa, Du schreist immer noch nach inhaltsvollen Briefen, obwohl wir Dir schon sehr oft klargemacht haben, daß wir nichts anderes zu schreiben wissen. Du mußt Dich schon mit diesen Briefen abfinden.«

Pawels Briefe aus diesen Jahren sind nicht erhalten. Zu vermuten ist, daß er sich in der dörflichen Verbannung Nachrichten aus der Welt wünschte und den Gedankenaustausch mit seinen Kindern. Am 8. August

1940 schreibt Hella: »Papa, Du wolltest ja noch die Stellungnahme von England hören. Sie haben darauf absolut nicht reagiert. Aber das werden sie bestimmt einmal zu bereuen haben. Denn Hitler sagte in der Rede, wenn der Krieg weitergeführt wird, dann weiß er, daß wir die Sieger sein werden. Und wahrscheinlich wird es bis zum letzten gehen, dieser Kampf. Es ist alles so traurig, aber Ihr seht ja, sie wollen es nicht anders haben: Ja, es ist immer das Alte: sie wollen es nicht anders haben.«

Mitteilungen wie diese sind selten. Sie hätten ja immer damit rechnen müssen, daß die Briefe kontrolliert würden, sagt Hella.

Daß sie den Brief vom 7. Juli 1940 wirklich selbst geschrieben hat, will sie nicht glauben. Aber er liegt zwischen uns auf dem Tisch, eng mit der Maschine beschrieben wie die anderen Briefe auch und von Hella unterschrieben. Auf der zweiten Seite oben steht, was Hella nicht glauben kann: »Überhaupt eine sehr wichtige Mitteilung, der Walter hat das Eiserne Kreuz bekommen. Seid Ihr nicht stolz auf Euren Schwiegersohn. Er hat es bekommen, weil er immer in der größten Gefahr im Kanonenfeuer fahren mußte.«

Hella nimmt den Brief in die Hand, prüft ihn, sie hat keine Brille auf, was immer sie sucht, sie könnte es nicht finden. Ich weiß überhaupt nicht, daß er das Eiserne Kreuz hatte, sagt sie.

Aber hätten sich deine Eltern denn darüber freuen können?

Ich weiß nicht, warum ich das geschrieben habe. Hella dreht und wendet den Brief. Ich weiß überhaupt nichts von einem Eisernen Kreuz.

Aber warum hätten deine Eltern sich freuen sollen?

In einer sommerlichen Abendstunde vor achtundfünfzig Jahren hat die vierundzwanzigjährige Hella ihren Eltern einen Brief geschrieben, in dem ein Satz steht, den wir uns heute beide nicht erklären können.

Weißt du, wenn ich es jetzt mal gut mit mir meine, sagt Hella, dann denke ich, es war wegen der Zensur, Sklavensprache, das war Sklavensprache.

Aber warum hast du es dann überhaupt geschrieben?

Vielleicht dachte ich, daß die das ruhig wissen sollen, wenn sie den Brief lesen, daß mein Verlobter das Eiserne Kreuz hat. Ich weiß ja gar nicht, daß er es hatte. Es war mir bestimmt auch nicht wichtig, sonst hätte ich es nicht vergessen.

An einer anderen Stelle schreibst du, daß Walter sehr beliebt ist bei seinen Kameraden.

Das ist doch etwas anderes, sagt Hella.

Ja, vielleicht. Vielleicht ist es aber auch nichts anderes. Natürlich haßte Hella die Nazis, sie haßte sie aus politischer Überzeugung und weil sie ihr Leben bedrohten. Natürlich hat sie gewünscht, wünschen müssen, daß Deutschland den Krieg verliert. Ebenso natürlich wünschte sie keinem Soldaten den Tod, am wenigsten den Männern, die sie kannte: Hänschen, dem Sohn ihrer Freundin Charlotte, Lucies Mann, Martas Freund Hans und ihrem eigenen Freund Walter. Wer überleben wollte, mußte kämpfen. Feige Männer werden nicht bewundert, auch nicht in friedlichen Zeiten. Walter war nicht feige. Er wollte Hella allen Verboten zum Trotz heiraten; als er in Polen stationiert war, besuchte er Josefa und Pawel in Kurow und lief sich auf den sechzig Kilometern zurück in die Kaserne die Füße blutig. Als mit sechsundsechzig Jahren seine Nieren versagten und ihm das Leben mit der Dialyse eine Last wurde, lehnte er die weitere Behandlung ab und nahm einen qualvollen, zwei Wochen dauernden Tod auf sich, der ihm nicht erleichtert wurde. Vielleicht war Hella einfach stolz auf Walter, weil er nicht feige war. Walter war Kraftfahrer. Wahrscheinlich entschied sein Mut oder seine Feigheit auch über das Leben anderer. Deutschland sollte zwar den Krieg verlieren, aber wem wünschte man den Tod?

Daß er bei seinen Kameraden beliebt war, ist etwas anderes, sagt Hella. Die Schwester von dem Jungen, mit dem er aus dem Kessel von Stalingrad ausgebrochen ist, hat uns später sogar besucht.

Er war in Stalingrad?

Ja, und weil er Kraftfahrer war, wurde er beauftragt, eine Nachricht rauszubringen. Seinen Begleiter durfte er selbst wählen und hat diesen Jungen mitgenommen. Die Schwester liebte ihren Bruder so, oder vielleicht hat er ihr auch geschrieben, daß sie irgend etwas tun soll, jedenfalls hat sie uns Pakete geschickt, mit Äpfeln und Sachen für dich.

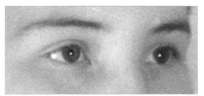

Einmal haben Hella, der gerettete Bruder und die Schwester, von der Hella glaubt, daß sie Käthe hieß, sogar zusammen Sylvester gefeiert. Käthe lebte in München, obwohl sie eigentlich Berlinerin war. Nach München war sie gezogen, weil dort niemand wußte, daß sie zehn Jahre vorher mit SA-Horden durch die Straßen getobt war und offenbar so viel Unglück und Schrecken verbreitet hat, daß sie das Kriegsende in Berlin nicht abzuwarten wagte.

Hatte sie keine Bedenken, mit euch umzugehen?

Die war fertig mit den Nazis, sagt Hella. Was Käthe geläutert hatte, ob der Krieg und die Angst um den Bruder oder einfach, daß sie älter und klüger geworden war, weiß Hella nicht. Sie sei eigentlich intelligent und sympathisch gewesen, hätte auf die Nazis geschimpft und sich selbst entsetzt über die Zeit, in der sie als »Revolver-Käthe« mit ihnen rumgezogen war. Ob sie wirklich Revolver-Käthe genannt wurde, weiß Hella nicht genau, aber ein ähnlicher Name sei es gewesen.

Während ich die Geschichte von Käthe aufschreibe, ist mir unbehaglich zumute. Angehört habe ich sie arglos. Ein sehr junges Mädchen, wer weiß, aus welchen Verhältnissen, gerät in eine marodierende Jungenclique, vielleicht war sie in einen der Jungen verliebt, vielleicht waren es die Jungen aus ihrer Straße, mit denen sie aufgewachsen ist und die später zur SA gegangen sind. Und dann hat ihr Liebster sie vielleicht verlassen, oder es ist etwas geschehen, das ihr

Mitgefühl und ihren Widersinn geweckt hat undsoweiter undsoweiter. Das hat es sicher gegeben. Und
schließlich hat Hella ihr damals ihren Sinneswandel
und ihre Reue geglaubt.

In Zeiten existentieller Bedrohung wird die Frage
nach Schuld und Unschuld offenbar anders entschieden als danach, wenn wieder Zeit ist für Gerechtigkeit. Solange die Gefahr besteht, werden dem Helfer
gegen sie seine früheren Missetaten verziehen, sein
Wandel tilgt die alte Schuld. Er hat sich besonnen
und zu den Opfern bekannt, er ist gerettet. Erst später wird man danach fragen, ob Paulus nicht auch der
Saulus war und ob sein Wandel nicht zu spät kam und
ob er überhaupt so hatte fehlen dürfen. Wer weder
Opfer noch Täter war, nichts Böses getan hat und
auch nichts Gutes, scheint solcher Enthüllungen besonders zu bedürfen, weil sein Nichtstun ihm ein
schwelendes Schuldgefühl hinterlassen hat.

Hellas Erzählung über Revolver-Käthe bleibt frei von
nachträglicher Verurteilung. Auch für Gustavs Wandel vom Kommunisten zum SA-Mann sucht sie eher
eine Erklärung, als daß sie Gustav verdammt. Nach
dem Kriegsende, erzählte Hannchen, hätte man sie
aus ihrer Wohnung werfen wollen, weil Gustav Nazi
gewesen war und weil jemand aus dem Nachbarhaus
scharf auf die Wohnung gewesen sei. Wochenlang hätten sie auf Koffern gelebt. Sie werde nie vergessen,
wie Hella eines Abends von einer Versammlung kam,
bei ihnen klingelte und sagte, daß sie in ihrer Woh-

nung bleiben könnten. Deine Mutter hatte für uns gutgesprochen, sagte Hannchen.

Hellas Bereitschaft, zu verstehen und zu vergeben, könnte christlich genannt werden und mag ihren Ursprung in ihrer christlichen Erziehung haben, auch wenn ich glaube, daß Hella diese Deutung lieber ins ungewisse verweisen und sich eher auf ihren Gerechtigkeitssinn und ihren gesunden Menschenverstand berufen würde. Zeigt niemals dem Kinde, daß es Haß, Neid und Rache gibt, schrieb mein Großvater aus dem Ghetto. Aber wer weiß schon genau, wie und warum sich bestimmte Eigenschaften in uns entwickeln und warum andere verkümmern. Vielleicht ist Hellas Nachsicht auch ein Teil ihres umwerfenden Lebenspragmatismus, ihrer trainierten Fähigkeit, »dem Leben seine freundlichen Seiten abzugewinnen«, wie sie es in ihren Erinnerungen an die Kriegszeit nennt. Im Leben müssen Probleme gelöst, Hindernisse überwunden und schwere Zeiten überstanden werden. Was man nicht lösen oder überwinden kann, muß eingesehen werden. Mit dem Leben muß man fertig werden. Das hat jedes Neuköllner Proletarierkind, christlich oder nichtchristlich, gelernt. Ein Gegner ist ein Gegner; ein Freund ist ein Freund. Um den Freund vom Feind zu unterscheiden, braucht man Klasseninstinkt. Daß jemand Klasseninstinkt habe oder daß jemandem der Klasseninstinkt fehle, sagten Marta und Hella ebenso selbstverständlich wie, daß jemand hübsch oder intelligent oder unsympathisch sei. Meine Großeltern, sagt Hella, hätten einen ausgeprägten Klasseninstinkt gehabt. Ich habe nie genau verstanden, was ein Klasseninstinkt ist. Als ich zehn Jahre alt war, schafften Hella und ihr Mann sich einen Hund an, einen schönen Schäferhund, der das Haus bewachen sollte, vor allem Hella, die sich fürchtete, wenn sie darin allein war. Damals klärte Hella mich darüber auf, daß Hunde nicht denken können, sondern nur ihren Instinkten folgen. Daß Hellas und Martas Klasseninstinkt etwas sein sollte, das gleichen Ursprungs war wie das Verhalten unseres Hundes, konnte ich wahrscheinlich nur darum akzeptieren, weil ich nie geglaubt habe, daß Tiere nicht denken können. Aber seitdem hatte der Klasseninstinkt für mich seine politische Autorität verloren. Fortan dachte ich, wenn ich das Wort hörte, eher an Dunst, Schweiß und Hundenasen, an etwas, dem durch Denken nicht beizukommen war, das man demzufolge auch nicht erlernen konnte. Natürlich kenne ich die rational kaum erklärbare Aversion oder Zuneigung, die andere Menschen allein durch ihren Anblick in uns wecken können, ein offensichtlich instinktiver Reflex, nur erklärbar als Sympathie oder Antipathie, ein gewisser Zug um den Mund, ein bestimmter Ausdruck der Augen, die uns signalisieren: Das ist jemand, der dir gefällt. Ich kenne auch den nur schamhaft zugelassenen Verdacht, es gebe, unabhängig von Klassen und Rassen und doch durch die Geburt bestimmt, verschiedene Sorten von Menschen, die, allen Gleichheitsgeboten zum Trotz, im Leben nur zu befrieden, aber nicht zu vereinen sind. Solche stammhirngeleiteten, vorzivilisatorischen Empfindungen sind vermutlich Instinkte, aber kein Klasseninstinkt.

Was ist ein Klasseninstinkt, frage ich Hella.

Hella muß keine Sekunde überlegen. Klasseninstinkt ist, wenn man genau weiß, wer man ist, wozu man gehört und gegen wen man ist, sagt sie.

Was ist Klassenbewußtsein, frage ich.

Klassenbewußtsein ist, wenn man auch weiß, warum das so ist, wenn man sich theoretisch gebildet hat, Marx gelesen hat und anderes natürlich auch, sagt Hella. Ihr Vater sei politisch nicht sonderlich gebildet gewesen, hätte aber immer genau gewußt, wohin er gehört.

Und Gustav, der zur SA gegangen ist?

Der hatte eben keinen Klasseninstinkt, der wußte nicht, wo er hingehört. Es haben doch nicht alle Arbeiter Klasseninstinkt. Manche wollen aufsteigen oder biedern sich bei ihrem Chef an, weil sie gar nicht verstehen, daß er sie ausbeutet.

Und die Bürgerkinder, die Kommunisten wurden, hatten keinen Klasseninstinkt?

Meinst du für ihre eigene Klasse? Nein, für ihre eigene Klasse nicht. Die sind ja meistens über die Theorie zu den Kommunisten gekommen. Oder durch Empfindsamkeit für die Armen.

Später werde ich Hella fragen müssen, wie es sich mit ihrem Klasseninstinkt verhielt, als sie in den Augen der Arbeiter des Arbeiter- und Bauernstaates zu einer Bonzenfrau geworden war und ich zu einem Bonzenkind, als deren Klasseninstinkt in Hella und mir die andere Klasse witterte.

* * *

Elf Tage nach Josefas Tod schrieb Pawel an seinen Sohn Paul: »Hella schrieb mir ich soll versuchen (darüber) hinwegzukommen, ich kann es aber nicht.«
Als Hella diesen Satz wiederfand, konnte sie eine Nacht nicht schlafen.
Wie konnte ich etwas so Furchtbares schreiben? Wie konnte ich ihm diesen Satz schreiben?
Du warst jung, wie solltest du ihn trösten. Du hattest ein kleines Kind, du hattest selbst Angst, vor Denunziation, vor den Bombenangriffen, du warst ratlos.
Hella ist nicht zu trösten, sie will sich den Satz nicht verzeihen.
Ich habe sie nicht oft an sich verzweifeln sehen. Den tiefsten Zweifel an ihrem Leben brachte für sie das Jahr 1989, als das, was seit ihrer Jugend auch ihr Lebenswerk war, wie morsches Gemäuer zusammenbrach und außer verdorbenen Biographien nicht viel mehr hinterließ als die Frage, ob es sich bei diesem Experiment um eine gescheiterte Utopie oder um ein Verbrechen gehandelt hat.
Am Tag nach der Maueröffnung fuhr ich durch das vor Glück oder Überraschung oder apokalyptischer

Prophezeihung verrückt gewordene Land von Hamburg nach Berlin. Der Grenzsoldat fertigte die Grenzreisenden ab wie ein Grenzsoldat spielendes Kind, das Mühe hat, den nötigen Ernst zu wahren. Sie haben über Nacht einen schönen Beruf bekommen, sagte ich. Er zeigte auf die kleinen Päckchen in seinem Wachhäuschen: Ich weiß auch nicht. Was mir die Leute alles schenken: Schokolade, Kaffee, sogar Blumen. Ich fuhr zu Hella. Schon am Gartentor rief ich: Ich bin der Sieger der Geschichte, und Hella sagte: Ich weiß.

Damals wußte Hella, vielleicht zum ersten Mal in ihrem Leben, nicht mehr, was richtig und was falsch war, wohin und zu wem sie gehörte. Sie empfinde Abscheu vor jeder Ideologie, und das Wort Zukunft sei ihr inhaltlos geworden, sagte sie. Sie hatte der DDR am Ende ihre Sympathie versagt, aber ihren Untergang hatte sie nicht gewünscht. Damals schien es, die unglaublichen Ereignisse hätten, was Hella und mich getrennt hatte, seit ich sechzehn oder siebzehn war, davongeschwemmt, aufgelöst, eingestürzt wie die Berliner Mauer. Die fünfzig oder siebzig oder hundert Millionen Toten, die zerstörten Städte, die anmaßende Vernichtung der Kultur, die verkrüppelten Menschen lagen plötzlich als unbestrittene Wahrheit zwischen uns. Hella saß auf dem Sofa, traurig und nachdenklich, nachdenklich vor allem, sehr klein. Von diesem Triumph hatte ich geträumt. Wenn ich Hella ansah, wünschte ich, er wäre geringer ausgefallen.

Manchmal denke ich, daß ich erst in diesem Herbst erwachsen geworden bin; ich war achtundvierzig Jahre alt.

Für einen kurzen Moment ihres Lebens, für eine Sekunde in der Geschichte, gehörte Hella zu keiner Partei, zu keinem Staat, zu keiner Idee und keiner Klasse. Die Schwerkraft der Verhältnisse hatte für einen Augenblick aufgehört zu wirken, und niemand wußte, was und wer nebeneinanderfallen würde, wenn ihre Macht wieder einsetzte. Dieser Augenblick, in dem von allen Gewißheiten nur die natürlichen unangefochten blieben, in dem Hellas politischer Standort sich nicht mehr bezeichnen ließ, weil die Namen dafür abgeschafft und andere noch nicht erfunden waren, als Hella nur noch sich selbst vertrat, dieser Augenblick gehört für sie wahrscheinlich zu den schwersten in ihrem Leben. Ich wünschte, er hätte länger gedauert.

Als Hella ihrem Vater den hilflosen Rat erteilte, er solle versuchen, über den Tod seiner Frau hinwegzukommen, war ihr jede andere Form des Beistands verwehrt: sie konnte ihn nicht befreien, sie konnte sein Unglück nicht veröffentlichen, noch weniger konnte sie ihre Mutter zum Leben erwecken. Trotzdem ließ dieser unsinnige wie unschuldige Satz sie fünfzig Jahre später nicht schlafen. Vielleicht hat ein nicht willkommener Zweifel diesen Umweg gebraucht, um dem Verstand vorstellig zu werden und zu fragen, ob nicht auch das Unabänderliche zuweilen nicht hinnehmbar

Postkarte von Pawel aus dem Ghetto

sein kann, ob das kräftige »nach vorne leben« nicht den Sinn für das Zarte verkümmern läßt, ob das unbeirrbare Hoffen nicht blind machen kann für die längst eingetretene Katastrophe. Vielleicht hat Hella in dieser schlaflosen Nacht ja auch daran gedacht, daß sie mir, als ich ihr Ende der siebziger Jahre von dreißig Millionen Toten des Stalinismus erzählte, geantwortet hat: Das glaube ich nicht.

* * *

Am 21. Mai, einen Monat nach seiner Ankunft im Ghetto Belchatow und drei Wochen vor dem Tod seiner Frau, schrieb Pawel an seine Kinder: »Liebe Kinder! Heute erhielt ich euren Brief vom 11.5. von Mama zugestellt und danke euch herzlich für die aufmunternden Worte. Leider kann ich im Augenblick keinen Gebrauch davon machen, wenigstens so lange nicht, bis ich Mama bei euch in Sicherheit weiß. Was eure Fragen anbetrifft, ist es so: Ich kann alles geschickt bekommen und bekomme alles mit der Post zugestellt genau so wie jeder andere, denn ich bin ja frei. Mit dem Essen ist es so, ich bin mit der jüdischen Familie in ein und demselben Zimmer und was die kochen, esse ich mit. Ich gebe der Frau etwas zu den

Kartoffeln, die sie kauft, denn die sind hier so teuer, 50 Pf. ein Kilo. Die Nichte, die zu mir kommt, kann ich selbstverständlich sehen und sprechen. Die kommt in unsere Wohnung und bleibt einige Stunden bei mir. Also mich sehen kann man schon und zwar zu jeder Zeit, aber ich bitte euch, sollte euch tatsächlich die Reise gelingen, nehmt Mama und fahrt sofort wieder zurück. Ich kann und will auch nicht, daß ihr zu mir kommen sollt. Ich muß mich mit der Sehnsucht, euch zu sehen, abfinden.«

Anders als die Ghettos von Warschau und Lodz, war das Belchatower Ghetto nicht eingezäunt. Das Areal zwischen der Litzmannstädter-, der Georg-Schönerer-, der Paul-Gerhardt- und der Horst-Wessel-Straße wurde nur durch die Häuserzeilen begrenzt und durfte von den Juden nicht verlassen werden. 1939 lebten in Belchatow mehr als 6000 Juden, 5000 Polen und 1000 Deutsche. Das Ghetto wurde am 1. März 1941 gegründet und im August 1942 liquidiert.

Pawel kam an einem Mittwoch nach Belchatow.

»Als ich nun herkam«, schrieb er, »stand ich einer militärischen Kommission gegenüber, der mich zuerst nach dem Stern fragte und er war ganz wütend, als ich ihm sagte, daß ich doch auf Grund soundso und legte ihm die Papiere vor, aber da war er noch aufgebrachter und ließ mich nicht zu Worte kommen und nahm noch nicht einmal Notiz von meinen Papieren und verbot mir aufs Strengste das Verlassen des Ortes und ordnete auch das Tragen der Abzeichen an.«

Ihm wurden ein Quartier und eine Pritsche zugewiesen. Auf der Pritsche saß er von Mittwoch bis Sonnabend mittag. »Ob ich was gegessen habe oder nicht, ich weiß es wirklich nicht, ich weiß nur, daß mein Brot, was ich mitgebracht habe, noch unberührt war. Ich hatte immer nur die kranke Mama im Sinn«, schrieb er an seine Kinder.

In der ersten Maiwoche erfuhr er, daß der Bürgermeister sich beim Jüdischen Komitee nach seinem Fall erkundigt hatte. Die Kinder hatten einen Brief an den Amtskommissar geschrieben. Die Intervention blieb ohne Erfolg.

Hella kann sich an einen Brief an den Amtskommissar nicht erinnern. Sie hätte damals an alle möglichen Behörden geschrieben, sicher auch an einen Amtskommissar.

»… und immer angeben, daß ich seit dem Jahre 1900 getauft bin und aus dem Judentum raus bin«, bat Pawel. Hella schrieb Bittbriefe an die Behörden und Trostbriefe an Pawel.

Er schrieb zurück: »Die Hoffnungen, die Du, liebe Hella, mir machst, muß ich Dir ehrlich bekennen, daß ich sie schon längst nicht mehr habe. Ich glaube, daß ich Dir schon öfter davon geschrieben habe und nun, ausgerechnet jetzt, soll ich hoffen, ich wüßte wirklich nicht, auf was ich noch hoffen soll, höchstens noch auf weitere Leiden, denn das dies schon der Abschluß sein wird, das glaubt ihr wohl selber nicht.«

Und im selben Brief, eine Seite weiter, steht: »Hier in

Belchatow wohnt eine Frau, die auch im Okt. '38 aus Deutschland ausgewiesen wurde, sie hat auch viele Jahre dort gelebt in Duisburg. Sie ist sehr intelligent und temperamentvoll. Sie redet in einem Bogen auf mich ein, ich soll an das Arbeitsamt schreiben, die sollen mich nach Berlin auf Arbeit schicken. Sie meint, in Berlin ist ein empfindlicher Mangel an Schneidern und verspricht mir Erfolg. Ich weiß wirklich nicht, was ich machen soll, weil ich mir keinen Erfolg verspreche, aber die läßt mich nicht in Ruhe.«

Vor allem aber sollten die Kinder versuchen, Josefa wieder nach Berlin zu holen. Im Ghetto hörte Pawel, es bedürfe einer Anforderung, um als Arbeitskraft nach Berlin geschickt zu werden. Marta sollte beim Schneidermeister Schröder, bei dem sie selbst arbeitete, nachfragen, ob er bereit sei, Pawel als Schneider anzufordern und einzustellen.

Hella glaubt, daß sie weder den Schneidermeister Schröder noch einen anderen Menschen um eine solche Anforderung gebeten haben. Berlin war nicht das Ghetto, wo Hoffnungen die Menschen verwirren konnten wie Fieberträume, weil ihre Hoffnungslosigkeit sie sonst umgebracht hätte.

»Hier wird mir ein 100%iger Erfolg von einer Anforderung von dort aus versprochen«, schrieb Pawel am 22. Juni, »... oder ist es gar nicht nötig, daß ein Arbeitgeber sowas unterstützt? Ich weiß es nicht, das kann man sich beim Arbeitsamt erkundigen.«

Und drei Tage später fragte er: »Und nun, liebe Marta, hast Du schon mit Schröder gesprochen, ob er eine Anforderung für mich unterschreiben würde? Hier wird mir voller Erfolg versichert … Im Fall es wirklich zu einer Anforderung kommt, es sind gedruckte Formulare und … zum Ausfüllen. Ich bin am 15.1.79 geboren in Ostrow, ehemaliges Polen, und sollte auch mein Übertritt zum Christentum eine Rolle spielen, so bin ich seit dem 7. Oktober 1900 getauft in der Baptistenkirche in Zirartow, das heutige Generalgouvernement.«

In späteren Briefen erwähnte Pawel eine mögliche Rückkehr nach Berlin nicht mehr, als wäre die Hoffnung nur eine Pflicht gewesen, über die, nachdem er sie abgeleistet hatte, nichts mehr zu sagen war.

An Marta schrieb er Ende Juni: »Liebe Marta, du schreibst, wie es mir geht, könnt ihr euch denken. Meine liebe Marta, das könnt ihr euch nicht denken.« Pawel erwartete den eigenen Tod; »ich weiß, es wird nicht mehr lange dauern und ich werde auch den selben Weg gehen«, schrieb er. Vom Leben im Ghetto berichtete er wenig, die Briefe wurden kontrolliert. »Liebe Hella, auf Deine Frage, ob auch Pakete geöffnet werden? Leider ja, auch Pakete ebenso. Du brauchst nicht befürchten, etwas reinzulegen, es kommt nichts weg.« Nicht der nahe Tod und nicht das Elend des Ghettolebens bringen ihn fast um den Verstand, sondern das nachträglich entwertete gelebte Leben, die geraubte Sittlichkeit, die enteignete Liebe zu seiner Frau. »Und nun, lieber Paul, bitte ich Dich, nein, ich bitte euch alle, tragt es mir nicht nach, daß Mama durch mich so unglücklich geworden ist, denn schließlich bin ich die Ursache von all ihrem Unglück. Aber letzten Endes, und das muß ich Dir noch sagen, hat Mama mich aus Liebe geheiratet, denn ich hatte sonst nichts, nur meine Arme und den guten Willen, eine Familie anständig zu ernähren. Inwiefern es mir gelungen ist, das müßt ihr selbst beurteilen. Ich bitte euch darum, tragt es mir nicht nach und vergeßt mich nicht.«

Barbarischer und niederträchtiger als Pawels Ermordung war die rohe Mißachtung der Gesetze seines Lebens; ihn zu töten, erscheint nur noch als die kalte Konsequenz seiner moralischen Auslöschung.

»Wie ihr noch wissen werdet, hat Mama sich schon in Berlin ärztlich behandeln lassen und ich habe immer Mühe gehabt, ihr auszureden, daß es Krebs ist. Als wir nun hierherkamen, schien es so, als ob durch die frische Luft und die frische Milch und eben solche Eier, daß die Krankheit wirklich behoben war, sodaß ich ihr öfter sagte, siehst du, Mama, etwas Gutes kommt doch dabei heraus, und wenn du wieder ganz gesund werden wirst, wird es gerade so Zeit sein, zu den Kindern zurückzufahren. Und so ging das bis zum letzten Herbst. Sie muß sich doch ein schwere Erkältung zugezogen haben, denn die Jadwiga hat zu mir über Mama geschimpft, daß Mama so unvorsichtig ist und geht, nur mit einem rosa Unterröckchen mit nackten

Paul, Erika, Marta, Monika und Hella nach Josefas Beerdigung

Armen und nackten Beinen, ums Haus und es war schon empfindlich kalt. Und so kam es, daß sie anfing zu klagen über Schmerzen und legte sich schließlich hin, um nicht wieder aufzustehen. Ich schreibe es euch nur, damit ihr seht, daß der Tod an sich bei Mama eine ganz natürliche Sache war, denn eine unheilbare Krankheit führt bekanntlich immer zum Tode. Stellt euch aber Mamas Sterben vor. Achtunddreißig Jahre haben wir zusammen gelebt und sie hat in den letzten 3 Jahren mit mir das bittere Leid, von ihren Lieben getrennt zu sein, geteilt, und es war mir nicht vergönnt, ihren letzten Stunden beizuwohnen, noch sie zu Grabe zu geleiten. Und du, liebe Hella schreibst mir, ich soll versuchen, darüber hinwegzukommen. Kann man das?«

In den Briefen beschwor Pawel die Wirklichkeit seines Lebens, die nur in der Erinnerung seiner Kinder erhalten bleiben konnte. Von ihnen erbittet er Verzeihung für seine Abstammung, für das Unglück der Mutter, für seine Ohnmacht vor ihrem Tod.

An Marta schrieb er Ende Juli: »Gewiß versuchen wir alles mögliche zusammen zu suchen, um daraus einen Trost zu finden, um sich einigermaßen zu beruhigen, aber ich komme nur bis zu einem gewissen Punkt, und wenn ich an dem Punkt anlange, ist mein ganzes Grübeln und Nachdenken umsonst. Dazu kommt noch, wenn ich mich wirklich etwas beruhigen wollte, kommt wieder ein Umstand dazwischen, der mich wieder in die alte Verzweiflung zurückwirft. So zum Beispiel bekomme ich aus Kurow viele Zuschriften. Alle haben begreiflicherweise das Bedürfnis, mir Liebes zu erweisen und alle wünschen, ich soll mit dem Dorf in steter Verbindung bleiben. So bekomme ich in dieser Woche einen Brief von einer Frau Komarowski. Sie schreibt mir u. a., daß sie während meiner Abwesenheit Mama oft besucht hat, das glaube ich ihr auch. Am letzten Tag war sie auch bei Mama und, so schreibt sie, Mama wollte sich noch retten und hat sie gebeten, sie soll noch einen Arzt holen. Nun, liebe Marta, stell dir einmal vor, was hab ich Mama während der ganzen Krankheit gebeten, entweder einen Arzt zu holen oder zum Arzt zu fahren. Allein Mama hat sich doch mit einer solchen Dickköpfigkeit dagegen gestemmt, daß es einfach nicht möglich war, sie dazu zu bewegen. Der Arzt kann mir auch keinen anderen Magen einsetzen, hat sie gesagt. Aber nicht ich allein, alle im Dorf haben ihr zugeredet, aber Mama hat sich darauf versteift und wollte nicht... Die Jadwiga war außer sich über soviel Dickköpfigkeit. Jetzt aber, wo der Tod von ihr Besitz genommen hat, da mit einem mal wollte sie sich retten und die Frau soll schnell einen Arzt holen. Sie hat es nicht geschafft, denn Mama brauchte keinen Arzt mehr. Jetzt sage du, kann man da nicht, beim Lesen eines solchen Briefes, mit dem Kopf durch die Wand gehen? Das einzige, worüber ich ruhig bin, ist das, daß ich alles versucht habe, um Mama zu helfen. Ich habe ihr alles angeboten, was ich nur wußte, daß es ihr gut sein könnte, ich habe nicht danach gefragt, was es kostet. Das ganze Dorf weiß es, daß ich nichts gescheut habe, aber sie wollte eben nicht... Glaube mir, meine liebe Marta, ich mache mir bestimmt kein Verdienst daraus, was ich alles für Mama getan habe und erzähle es auch nicht, um mir daraus ein Verdienst zu machen. Ich will nur zeigen, daß meine Verzweiflung eine berechtigte ist, wenn ich jetzt höre, daß Mama zum Teil durch ihren Eigensinn so erkrankt ist, während ihr zu Anfang doch noch zu helfen war, und ich war so nachgiebig und finde jetzt darum keine Ruhe.«

In seinem letzten Brief, am 8. August '42, schrieb Pawel: »Mittel zur Pflege standen mir bestimmt zur Verfügung, aber was sollte ich machen, wenn ihr alles zu teuer war. Ich habe euch im vorigen Brief von den 3 Eiern erzählt. Ich habe für die 3 Eier 1 Mk bezahlt, das war zu teuer. Ich sagte, Mamachen, und wenn ich für jedes eine Mk zahlen müßte, hätte ich sie auch genommen. Dann war ich der leichtsinnigste Mensch, den es gibt. Die Jadwiga hat es der Maria, als sie bei mir waren, noch bestätigt und hat noch so manches andere erzählt, wie Mama die Pflege erschwert hat. Das ist es, meine Lieben, was mich so schwer mitnimmt, daß Mama es wirklich nicht nötig hatte, sich wegen ein paar lumpigen Mk zu vernachlässigen, denn es gab Tage, an denen sie sich besser fühlte und auch besser essen konnte, aber was sollte ich machen. Eine Hühnerbrühe wäre ihr sicher gut (bekommen) und habe auch eins ausfindig gemacht, es sollte aber 10 Mk kosten, so war es nicht mehr möglich, ich mußte das schöne Hühnchen wieder abgeben. Wenn ich das alles überdenke, könnte ich mir die Haare aus dem Kopf raufen, daß sie erst am letzten Tag nach Rettung suchte.«

In fast allen Briefen denkt er an mich: »... die allerherzlichsten Grüße und Küsse für Monika«, »... was würde ich darum geben, sie zu sehen?« ...

Wenn ich in Pawels Briefen meinen Namen finde, in seiner schwer lesbaren Sütterlinschrift, geschrieben an dem Tisch in dem Zimmer, das er mit der Familie aus Wygielzow teilte – hatte er überhaupt einen Tisch oder saß er auf seiner Schlafstelle, wenn er schrieb? –, wenn ich mir vorstelle, daß der Mann, der diese Briefe schrieb, an mich dachte, auf mich hoffte, verliert das Wort Vergangenheit für Minuten seinen Sinn. Dann werden die Jahre durchlässig und der 26. Juli oder der 8. August 1942 gehören zu den Tagen meines erinnerbaren Lebens.

Ich sehe meinen Großvater, ein schmaler Schatten, der über das Pflaster der Ghettostraßen gleitet. Seine Schuhe sind abgetragen, er kann sie

nicht zur Reparatur geben, weil er nur diese besitzt.
Er hat den Kindern schon geschrieben, sie sollen ihm
die braunen Schuhe schicken, die sie hoffentlich mitgenommen haben, als sie zur Beerdigung in Kurow
waren. Die Haustür zur Lodscher Straße 13 ist bei
dem warmen Wetter geöffnet, damit die Gerüche ab-
ziehen. Irgendwo im Zimmer, vielleicht unter seiner
Pritsche, steht ein kleiner Karton mit Schreibpapier,
Tinte und Federhalter. Er räumt sich eine Ecke des
Tisches frei, am anderen Ende schält die Frau aus Wygielzow gerade Kartoffeln, für 50 Pfennige das Kilo,
und Pawel schreibt an Hella, Marta und Paul. Es ist
der 18. Juli. »Heute vor 3 Jahren haben wir euch verlassen. Heute vor 3 Jahren habt ihr eure Mama zum
letzten Mal lebend gesehen. Wer hat es sich gedacht,
daß unsere Gastlichkeit in Kurow ein so schreckliches
Ende nehmen wird… Liebe Marta, du schreibst,
wenn wir schon Mama verloren haben, so soll ich
mich für euch erhalten. Ich hätte es auch gern getan,
mich für euch erhalten, aber wenn das Leben mit mir
weiter so umgeht wie bis jetzt, so ist es wirklich eine
schwierige Sache, denn für die Dauer ist es nicht möglich auszuhalten.«
Pawel bittet um zwei seiner Brillen, die mit dem abge-
flachten Rand und die Doppelbrille, und seine Arm-
banduhr möchte er haben.
Der nächste Absatz gilt Paul: »Lieber Paul! Ich weiß
zwar nicht, wie es jetzt bei dir mit der Zeit bestellt ist,
ich möchte gerne von Dir einen Kostümschnitt ha-

ben. Ich lege Dir das Maß für ein Kostüm bei und bitte Dich, wenn Du Zeit hast, mir den zu machen.«

Für wen soll Pawel im Ghetto ein einreihiges Sportkostüm mit aufgesetzten Taschen nähen? Für wen erkundigt er sich bei Paul, ob ein auf Taille sitzendes Sportkostüm mit einem zweiteiligen oder dreiteiligen Rücken genäht wird? Hat die junge Frau aus Duisburg ein Stück Stoff aufgetrieben? Oder lassen die Frauen der deutschen Wachoffiziere bei den jüdischen Schneidern nähen? Oder die nichtjüdischen Bewohner von Belchatow?

»Gestern«, schreibt mein Großvater, »hab ich bei dem Schneider einige Stunden gearbeitet und habe dort gleich ein gutes Mittag gehabt und zu heute hat mich die Frau auch zum Mittag eingeladen. Montag werde ich wohl auch einige Stunden arbeiten. Ich wünschte, er hätte mehr zu tun, die Arbeit wäre für mich Medizin. Leider ist jetzt vor und während der Ernte so wenig Arbeit. Ich schließ mit den herzlichsten Grüßen für euch alle und vor allem für die Monika und wünsche euch alles Gute euer Vater«.

Paul hat ihm den Schnitt für das Kostüm geschickt. Als Pawel ihm weder die letzte Geldsendung noch das letzte Paket und auch den Schnitt nicht bestätigte, stellte er bei der Post zwei Nachforschungsanträge. Die Laufzettel kamen zurück mit dem Vermerk: »Geld bzw. Paket ist dem Empfänger ordnungsgemäß ausgehändigt worden.« Unterschrieben vom SS-Sonderkommando Kulmhof.

* * *

Im August 1942 fuhr Hella für zwei Wochen nach Tirol, in die Nähe des Städtchens Rothe, wo Robert Melchers, Inhaber der Likörfabrik und Weingroßhandlung Melchers, ein Hotel besaß. In jedem Jahr vergab die Firma an Mitarbeiter, die sich um die Likörfabrik besonders verdient gemacht hatten, Urlaubsreisen nach Tirol, im August 1942 auch an Hella. Sie wohnte in einem Bettenhaus, etwa zehn Minuten Fußweg vom Hotel entfernt, nahm aber die Mahlzeiten im Hotel ein und durfte auch sonst alle Annehmlichkeiten nutzen, die es zu bieten hatte. Es war ein schönes Hotel und ein schöner Urlaub, sagt Hella.

Trotzdem ging es ihr nicht gut in Tirol. Wegen der Berge, sagt sie, die Berge hätten sie geängstigt. Auch später hätte sie immer ans Meer und nie in die Berge fahren wollen. Mit neunzehn Jahren hatte sie zum ersten Mal die Ostsee gesehen. Das Fichte-Balalaika-Orchester war zwar offiziell aufgelöst, aber einige der Mitglieder blieben befreundet und trafen sich regelmäßig. Im Sommer 1935 fuhren acht oder neun von ihnen mit einem günstigen Angebot der Reichsbahn an die Ostsee, morgens hin, abends zurück. Hella erinnert sich genau, wie sie über die Dünen gelaufen ist und plötzlich das Meer vor ihr lag. Ich habe geschrien, ich weiß noch genau, daß ich ganz laut geschrien habe, vor Freude, sagt sie.

Die Erinnerung an die Berge blieb ihr Leben lang mit Angst verbunden. An richtigen Depressionen hätte sie gelitten, sagt sie, was aus ihrem Mund verwunderlich klingt, denn das Wort Depression verwendet Hella fast niemals in bezug auf sich selbst. Sie hätte ja auch einiges hinter sich gehabt in diesem Sommer: den Tod der Mutter, die Angst um den Vater, die Angst um Walter, die Angst um mich und um sie selbst. Das Leben gab genügend Gründe her für eine Depression, aber Hella schob sie lieber den Bergen zu; die Berge ließen sich fortan meiden. Während der Tage in Tirol träumte sie dreimal, wie ihr Vater von einem sehr hohen spitzen Berg mit einem endlosen Schrei ins Nichts stürzte.

Vielleicht habe ich das auch nur einmal geträumt und später nur so oft daran gedacht, aber danach kam keine Nachricht mehr von ihm, das weiß ich genau, sagt Hella.

* * *

Aus dem Sommer 1943 stammt meine erste Erinnerung: ein ausgefahrener Sandweg zwischen Bäumen, auch ein Stück Wiese, auf dem Weg steht ein Pferd, vor einen Leiterwagen gespannt. Das Pferd heißt Blume. Ein Mann mit einer Baskenmütze setzt mich auf das Pferd. Der Sandweg muß sich irgendwo zwischen Fürstenberg und Lychen durch die Schorfheide ziehen. Der Mann mit der Baskenmütze war ein französischer Fremdarbeiter, der dem ortsansässigen Gemüsehändler zugeteilt war und der außer dem Obst und Gemüse gegen ein Entgelt auch die Reisenden vom und zum Bahnhof kutschierte. Wie der Franzose hieß, weiß Hella nicht mehr.

Robert Melchers besaß nicht nur ein Hotel in Tirol, sondern auch ein Haus mit Ferienwohnungen, in denen seine Mitarbeiter die Wochenenden oder den Urlaub verbringen konnten, in der Nähe von Lychen. Im Sommer 1943, als die Bombenangriffe auf Berlin alltäglich wurden, bot er die Wohnungen den Frauen und Kindern seiner Mitarbeiter als Schutz vor den Bomben an. Hella zog mit mir nach Lychen. Von Walters Sold, den er ihr regelmäßig schickte, hätte sie notdürftig leben können; zu kaufen gab es ohnehin wenig. Kurz darauf lagerte die Firma Melchers außer einem Teil der Maschinen auch die Lohnbuchhaltung in die Schorfheide aus. Hella konnte sogar wieder arbeiten, und wir wären bis zum Ende des Krieges in Lychen sicher gewesen, hätte nicht ein Kollege von ihr behauptet, Hella vergnüge sich mit dem französischen Fremdarbeiter, der sie sogar schon in ihrer Neuköllner Wohnung besucht haben sollte. Der Kollege, an den Hella sich als einen kleinen, sogar ein bißchen verwachsenen Mann erinnert, lebte in einer der Melchersschen Ferienwohnungen mit seinem Kind und seiner Frau; das war so eine, die gerne Dirndlkleider trug, sagt Hella. Warum der Mann diese Lüge über sie verbreitet hat, ob seine Frau, die außer ihrem eigenen Kind oft auch mich beaufsichtigte, sich dieser Verpflichtung, die sie in Zeiten des Krieges schlecht hätte abschlagen können, so entledigen wollte; oder ob die beiden störte, daß sie diesen Dienst einer Polin erwiesen; oder ob Bosheit und Verblendung sie glauben ließen, wenn ein Franzose und eine Polin sich am gleichen Ort befänden, müßte ihnen auch etwas nachzusagen sein, weiß Hella nicht.

Sie fuhr nach Berlin zu dem Personalchef Herrn Selig, der als einziger in der Firma Melchers wußte, daß Hella nicht nur Polin, sondern auch Halbjüdin war, und beide beschlossen, daß Hella, ehe der Fall bedrohlich werden konnte, nach Berlin zurückkehren sollte.

Wir wohnten wieder alle in der Schillerpromenade. Hella arbeitete weiter bei Melchers, Marta beim Schneidermeister Schröder am Herrfurthplatz, ich ging in den Kindergarten, und nachts saßen wir alle im Luftschutzkeller.

Damals war Marta von ihrem Verlobten Hans schon zum zweiten Mal verlassen worden. Das erste Mal verließ er sie 1938. Die Verbindung mit einer Jüdin, wenn auch nur Halbjüdin, erschien ihm zu gefährlich. Marta nahm in wenigen Tagen zehn Pfund ab. Hella erinnert sich, daß Martas schönes blaues Sommerkleid plötzlich nicht mehr über ihren kräftigen Hüften spannte, sondern schon am Sonntag nach der Trennung von Hans glatt an Martas sichtbar schmalerem Körper herunterfiel.

Ob Hans' Sehnsucht nach Marta größer war als seine Angst, oder ob er nach ruhiger Überlegung doch befand, daß eine Halbjüdin schließlich keine Jüdin war, bleibt ungewiß. Aber nach kurzer Zeit kam Hans zu Marta zurück. Ende 1939 wurde er eingezogen, und als er im August 1940 zum ersten Mal Urlaub bekam, verreisten Marta und er für zwei Wochen. Hella schrieb an die Eltern: »Marta ist aufgeblüht wie unser Oleander und noch schöner.« Weihnachten 1940 schenkte Hans Marta einen Tisch mit zwei Stühlen, eine bemalte Vase und eine weiße Hängevase, beide von der Königlichen Porzellanmanufaktur Berlin, wo er vor dem Krieg im Büro oder im Versand, jedenfalls nicht als Arbeiter angestellt war, wie Hella glaubt, weil sie sich nicht erinnern kann, mit Hans je über die Herstellung von Porzellan gesprochen zu haben.

Sechs Jahre waren Marta und Hans miteinander verbunden, bis Hans im Jahr 1942 einen Brief von der Front schickte, in dem er Marta erklärte, daß er sich den möglichen Gefahren, die ihm aus der Beziehung zu ihr drohten, nicht länger gewachsen fühle.

Anfang der fünfziger Jahre, vielleicht war er gerade erst aus der Kriegsgefangenschaft zurückgekommen und wir wohnten schon nicht mehr in Neukölln, suchte Hans nach Marta. Als er sie fand, wollte sie ihn nicht sprechen. Hella sagt, sie denke oft, Martas Leben wäre glücklicher gewesen, wenn sie damals nicht auf ihrem Stolz bestanden und ihrem Hans seine Feigheit verziehen hätte. Eigentlich seien sie ein glückliches Paar gewesen, sagt Hella.

Als Hans Marta zum zweiten Mal verließ, muß Pawel noch gelebt haben, denn in dem Brief vom 12. Juli

1942, dem Vermächtnis für seine Kinder, schrieb er: »Liebe Marta! Sollte Dir auch ein Glück erblühen, woran ich nicht zweifle, so werde glücklich, ich wünsche es Dir. Laß Dich aber nicht von den Deinigen entfremden. Ebenso wie auch Du ihn von den Seinigen nicht entfremden sollst.«

Im selben Brief, an anderer Stelle steht: »Meine geliebten Kinder, ihr habt es am eigenen Leibe und an unseren Eltern erlebt, was eine Trennung bedeutet. Selbst eine harmlose Trennung kann dazu führen, daß man sich im Leben nicht mehr sieht. Infolgedessen, meine Lieben, bitte ich euch, haltet zusammen, haltet fest zusammen, nützt jede Gelegenheit des Zusammenseins aus, vertragt euch in jeder Weise gut. Seid lieb zueinander, liebet euch untereinander, wie Mama euch geliebet hat und wie ich euch liebe. Laßt keinen fremden Menschen hindernd zwischen euch treten.«

Es ist das einzige Zeugnis für das Leid, das der Bruch mit seiner jüdischen Familie in Pawel hinterlassen haben muß, gegen das er die eigene Familie gegründet und eingeschworen hat: haltet zusammen.

Marta, Hella und Paul haben dreizehn Jahre später doch jemanden oder etwas zwischen sich treten lassen, das sie nicht nur behindert, sondern unwiderruflich entzweit hat in Marta und Hella auf der einen und Paul auf der anderen Seite.

* * *

Erika, Hella, Ischi, Monika und Marta

In der Schillerprome-
nade war der Krieg am
26. April 1945 um zwölf
Uhr mittags beendet.
Während der letzten
Kriegstage, erzählt Hel-
la, hätten wir nur noch
im Luftschutzkeller gewohnt. Nur selten, wenn der
Beschuß einmal nachließ, wagte man sich in den Hof
oder sogar vor die Haustür. Als Hella mit ihrer Freundin Lucie gerade einmal wieder einen Blick auf die
Straße riskierte, um zu erkunden, ob noch Krieg oder
ob schon Frieden war, sahen sie vom anderen Ende
der Schillerpromenade zwei Uniformierte mit ge-
schulterten Gewehren auf sich zuradeln.
Sind es wirklich Russen, fragte Hella. Es waren die ersten Russen, die sie sah. Die Russen fuhren, ohne sie
zu beachten, an ihnen vorüber.
Ich heulte los, ich war befreit, sagt Hella.
An diese Minute wollte sie sich für immer genau erinnern können. Sie sah auf ihre Uhr. Es war genau
zwölf Uhr mittags. Über der verrußten Ruine der Genezareth-Kirche am Herrfurthplatz spannte sich ein
heller Frühlingshimmel. Es war still in der Schillerpromenade.
Schon am Nachmittag war es mit der Ruhe der ersten
Friedensminuten vorbei. In die Schillerpromenade
zogen die Russen ein mit Kriegsgerät und Panjewa-
gen, von Asiaten mit gleichgültigen Gesichtern kut-

schiert. Und fünf Tage später feierten sie mit Musik und Tanz den 1. Mai auf unserem Hinterhof.

Wir mußten in unserer Wohnung außer Lucie, die ausgebombt war, auch Ischi aufnehmen, weil sich in deren Haus, das in unserer Nachbarschaft lag, die sowjetische Kommandantur niedergelassen hatte. In unserer Wohnung lebten nun vier Frauen und ein Kind, und Hella sagt, es sei vor allem Lucie zu verdanken gewesen, daß sie alle die russische Belagerung unbeschadet überstanden hätten, denn Lucie hatte drei Jahre als Mitarbeiterin der Komintern in Moskau gelebt und konnte Russisch. Sonst wären sie gar nicht mit Grischa ins Gespräch gekommen, einem der russischen Offiziere, Armenier oder Georgier, wie Hella glaubt, der nie ohne seinen Gehstock mit silbernem Knauf auftrat und überhaupt aussah wie Napoleon, nur größer. Bei Grischa beschwerten Lucie und Hella sich über das Chaos, das seine Truppe auf unserem Hof anrichtete. Seitdem stand die Schillerpromenade 41 unter Grischas besonderem Schutz; seitdem war aber auch Grischa, nie ohne die Begleitung seines Burschen Mischa, ständiger Gast in unserer Wohnung. Sogar ich kann mich an die beiden erinnern, nicht genau, aber ich weiß, daß es sie gegeben hat.

Manchmal war es lustig, sagt Hella, manchmal anstrengend, manchmal beängstigend, besonders für Lucie, die von Grischa ständig verdächtigt wurde, falsch übersetzt zu haben. Und nie werde sie die Sekunde vergessen, in der Grischa plötzlich seine Pistole auf ihren Bruder Paul richtete. Es war wohl ein Scherz, aber wer sollte das in dieser Zeit wissen, sagt Hella. Grischa und Mischa brachten Wein und Schnaps und Brot, manchmal auch Butter und Wurst, man tanzte nach Musik von Schallplatten, Hella erinnert sich an Grischas Ruf nach »Straussa«. Aber keiner der Frauen sei etwas geschehen. »Das mag im Lichte aller Vorkommnisse dieser Zeit unwahrscheinlich klingen, aber es ist die Wahrheit«, schreibt Hella in ihren Notizen.

Allmählich dehnten Hella und Lucie ihre Spaziergänge aus. Eines Tages, als sie sich bis zur Hermannstraße vorgewagt hatten, entdeckten sie an einer Hauswand einen unauffälligen maschinenbeschriebenen Zettel, auf dem die Gründung des Berliner Magistrats am 17. Mai bekanntgegeben wurde. Unterschrieben war das Schriftstück vom 1. Stellvertreter des Oberbürgermeisters Karl Maron und vom Stadtrat für Personalfragen Arthur Pieck, und Lucie sagte, die beiden kenne sie, den Atze schon länger, und den Maron hätte sie in Moskau kennengelernt, als der mit einer Sportlerdelegation im Hotel Lux war. Ein toller Abend sei das gewesen. Los, die besuchen wir, sagte Lucie.

Im Mai '45 sei es heiß gewesen wie im Hochsommer, erzählt Hella, und eigentlich hätte sie keine Lust gehabt, bei dieser Hitze von Neukölln bis zum Alexanderplatz zu laufen, denn Bahnen fuhren ja nicht, aber Lucie hätte keine Ruhe gegeben, und so seien sie eines Tages, es könnte der 23. oder 24. Mai gewesen sein, losgezogen, um Lucies Freunde Pieck und Maron im Neuen Stadthaus zu besuchen.

Kein anderer Tag ragt so gewichtig und deutlich aus Hellas notierten Erinnerungen wie dieser. Der Marsch durch die zerstörten Straßen, als solche kaum noch erkennbar, nur Ruinen, Berge von Steinen und kalkiger Staub; über die Trümmerfelder um den Moritzplatz, wo Lucie am 4. Februar beinahe umgekommen wäre und auch Pauls Wohnung im Schutt versunken war. Verschwitzt und mit vom Trümmerstaub verklebten Mündern fanden sie in der zweiten Etage des Stadthauses das Büro von Arthur Pieck, in dem es zuging wie in einer überfüllten Stehbierkneipe, sagt Hella. Wenigstens dreißig Leute drängten sich in dem kleinen Raum, darunter viele in Sträflingskleidern, als wären sie geradewegs aus den KZs hierher gelaufen. Irgendwie überredete Lucie die hilflose Sekretärin, ihrem Freund Atze Pieck einen Zettel zu überbringen, den sie mit »freche Fliege« unterschrieb, wie sie vor 1933 von ihren Genossen genannt wurde, worauf Pieck sie sofort empfing und sagte, sie kämen wie gerufen, der Magistrat brauche dringend Sekretärinnen, und da er nicht wissen könne, wer Nazi war und wer nicht, sollten Lucie und Hella mit ihren Freundinnen am nächsten Tag wiederkommen und die Sekretariate besetzen.

»Die Komponenten eines Lebenslaufs bestehen aus Wende-

punkten, an denen etwas geschehen ist, das nicht hätte geschehen müssen. Das beginnt mit der Geburt«, sagt Niklas Luhmann.

Dieser 23. oder 24. Mai 1945 war vermutlich, abgesehen von ihrer Geburt, der folgenreichste Wendepunkt in Hellas Leben, obwohl ich annehme, daß sie mir auch diesmal widersprechen und behaupten würde, wenn nicht der Weg ins Stadthaus, hätte ein anderer Weg sie in eine ähnliche Richtung geführt. Sie sei eben immer Kommunistin gewesen mit bestimmten Überzeugungen, die sie auch unter anderen Umständen bewahrt hätte. So sieht es Hella; ich sehe es anders, und ab jetzt bestreite ich ihr die alleinige Interpretationshoheit für ihr Leben, denn ich war Zeugin und bis zur Volljährigkeit unentrinnbar gebunden an Hellas Entscheidungen. Hella, Marta, Lucie und ihre Genossen haben mir eine Frage hinterlassen, auf die ich bis jetzt keine Antwort gefunden habe.

Nichts in ihrem Leben vor diesem Mai 1945 – weder ihre Herkunft noch ihre Erziehung, weder ihr Sinn für Gerechtigkeit noch ihre Freiheitsliebe – kann mir erklären, warum sie für die nächsten Jahrzehnte zu denen gehörten, die ihre politischen Gegner in Gefängnisse sperrten, Christen drangsalierten, Bücher verboten, die ein ganzes Volk einmauerten und durch einen kolossalen Geheimdienst bespitzeln ließen. Was hatten Pawels Töchter Hella und Marta unter solchen Leuten zu suchen?

Aber noch ist es Ende Mai 1945. Die Nazis waren besiegt. Im Neuen Stadthaus saßen Hellas und Lucies Genossen und Jugendfreunde plötzlich als Stadträte in Büros, für deren Vorzimmer die Sekretärinnen fehlten. Sechs junge Frauen aus Neukölln, alle Kommunistinnen, marschierten jeden Morgen, solange die U-Bahn nicht fuhr, durch die Berliner Trümmerlandschaft zum Alexanderplatz. Lucie wurde Arthur Pieck zugeteilt, Ischi dem parteilosen Oberbürgermeister Dr. Werner, Ischis Schwester Elli dem sowjetischen Verbindungsoffizier, Hellas Schulfreundin Dita dem Stadtrat für Arbeit Hans Jendretzky, Hella und Pauls Frau Erika kamen zu Karl Maron.

1945 sei für sie wie eine Wiedergeburt gewesen, hat Hella gesagt. So lesen sich auch ihre Erinnerungen an diese Jahre, die wilde Nachkriegszeit, in der alles möglich schien: der richtige Beruf, der richtige Staat, die richtige Liebe. Natürlich mußte der richtige Staat ein kommunistischer sein, das hatten sie schon vor 1933 gedacht, und schließlich hatten die letzten zwölf Jahre bewiesen, wohin der Imperialismus die Welt führt. Die Kommunisten hatten die Katastrophe vorausgesagt, die Sozialdemokraten haben die Arbeiter verraten. Was hatte, wer 1933 siebzehn Jahre alt war, in zwölf Jahren Nationalsozialismus dazulernen können? Die Männer kamen aus der Moskauer Emigration, sie waren zehn oder fünfzehn Jahre älter als Hella und ihre Freundinnen, Parteifunktionäre schon vor 1933. Einer von ihnen fragte Hella eines Tages, was Sozialismus sei. Sie hätte gestottert, sagt Hella, und fast geheult, sie hätte sich geschämt für ihre politische Unwissenheit, nicht einmal die Terminologie hätte sie verstanden. Ich wollte etwas lernen, ich wollte auf eine Parteischule, sagt sie. Vierzig Jahre später, Hella hatte inzwischen zwei Parteischulen besucht, Journalistik studiert und Jahr für Jahr das Parteilehrjahr absolviert, begann sie plötzlich, Bücher über die Antike und griechische Sagen zu lesen. Darüber wisse sie fast nichts, sagte sie, immer und überall hätte sie die Geschichte nur als etwas kennengelernt, das zwischen Bauernkrieg und der Oktoberrevolution stattgefunden hat; wie oft sie den Bauernkrieg lernen mußte, könne sie gar nicht sagen.

Noch immer würde ihr warm ums Herz, wenn sie an die ersten beiden Jahre nach dem Krieg denke, schreibt Hella in ihren Notizen. »Ich glaube, es waren die schönsten und wichtigsten Jahre in meinem erwachsenen Leben.«

Hella war neunundzwanzig Jahre alt. Das Jahr 1945 beendete für sie nicht nur den Krieg, die Bedrohung und die Angst, sondern es setzte alle Festlegungen und Grenzen außer Kraft, die seit ihrer Geburt für sie gegolten hatten. Nicht nur Hitler war besiegt, sondern auch Krupp und Flick, der Adel und die Reichen, oben war unten, und unten war oben. Hella war ein Sieger der Geschichte, so wie ich mich 1989 als Sieger der Geschichte gefühlt habe, nur daß ich fast zwanzig Jahre älter war als Hella bei ihrem Sieg und daß mein Sieg mein Leben nicht mehr verwandeln konnte, weil ich mich der endlich gestürzten Macht vorher entzogen hatte.

Hella wehte der Zufall ins Zentrum der Macht. Karl Maron, kurz zuvor mit der Gruppe Ulbricht aus der Moskauer Emigration zurückgekehrt, war als 1. Stellvertreter des parteilosen Oberbürgermeisters der eigentliche Vorstand des ersten Berliner Magistrats, von dessen sechzehn Mitgliedern acht Kommunisten waren, alle von der Sowjetischen Militäradministration mit Schlüsselpositionen betraut.

Hella saß also im Vorzimmer des Genossen Maron, und allem, was sie tat, haftete auf natürliche Weise etwas Heroisches an. Die Stadt mußte wiederbelebt werden, sie brauchte Nahrung, Wasser, Strom, Wohnraum. Jede U-Bahn, die wieder fuhr, war auch Hellas Erfolg. Hella gehörte zu ihren Genossen und zum Magistrat, wie sie früher zum Fichte-Balalaika-Orchester gehört hatte. Und als Hella sich in Karl Maron verliebte und er sich in sie, war entschieden, daß sie die sich anbahnenden politischen Verhältnisse auch für die nächsten Jahrzehnte als glücklich empfinden würde.

Meinen Verdacht, der eher eine nachgetragene Hoffnung ist, Hella hätte ihrer Partei irgendwann zwischen den vielen Jahrestagen die Treue aufgekündigt, wäre sie nicht auch durch die Liebe an sie gebunden gewesen, weist sie natürlich zurück. Ihre politischen Ansichten wären so oder so die gleichen gewesen, sagt sie. Ihre Überzeugung, scheint es, ist Hella implantiert wie ein lebenswichtiges Organ, und jeder

Versuch, sich ein Leben ohne sie zu denken, ist lebensgefährlich. Und so versagt Hella mir ihre Erinnerungsbereitschaft an die schönsten und wichtigsten Jahre ihres Lebens.

Wie war das nach der ersten freien Wahl 1946, als die Kommunisten nur 19,8% bekamen und die Sozialdemokraten 48,7%?

Da hatten wir eben nur noch drei Stadträte und einen Bürgermeister.

Und warum gab es nur in den Westsektoren eine Abstimmung über die Vereinigung zwischen SPD und KPD und im Osten nicht?

Hella weiß es nicht, überhaupt will sie von mir zu diesen Ereignissen nicht zitiert werden, die Familiengeschichte sei etwas anderes. Es hätte der Kalte Krieg getobt, und viele Interessen seien im Spiel gewesen. Sie könne sich aber erinnern, daß bei der berühmten Demonstration, auf der sich die beiden Züge der SPD und KPD symbolisch vereinigten, die Sozialdemokraten ebenso vor Rührung geweint hätten wie die Kommunisten.

Hella ärgert sich, weil ich ein Buch über diese Zeit, das sie mir empfiehlt, nicht lesen will. Das Buch wurde in den sechziger Jahren in der DDR verlegt, verfaßt von meinem ersten Ehemann.

Ich traue keinem zeitgeschichtlichen Buch aus der DDR und diesem schon gar nicht, sage ich zu Hella, was sie nur darum empört, weil ich vergleichbaren Büchern aus dem Westen traue.

Während ich versuche herauszufinden, worin mein Mißtrauen sich von Hellas Mißtrauen unterscheidet oder ob es sich, obwohl es zwar nachweislich begründet ist, nicht auch einer Feindseligkeit hingibt, die Hellas Ressentiments nicht unähnlich ist, bebt die Welt um uns unter der Fußball-Weltmeisterschaft. Kroatien hat Deutschland 3:0 geschlagen und ist fünf Tage später von Frankreich 2:1 geschlagen worden.

Gott sei Dank hätten die Franzosen uns ja gerächt, sage ich zu Hella, denn noch einmal hätte ich den Triumphzug der Kroaten durch Berlin nicht ertragen wollen.

Ach so, sagt Hella, was einen Hinweis auf meine mögliche Fremdenfeindlichkeit bedeuten könnte und mich veranlaßt, um Hella mit ihren eigenen Mitteln zu attackieren, auf die Ustascha-Vergangenheit und den bekannten Nationalismus der Kroaten hinzuweisen.

Aber daß die Deutschen 3:0 verloren haben, war verdient, sagt Hella.

Ich sage, was ich mir fünf Tage vorher gerade habe erklären lassen, daß es nämlich zum 3:0 nur gekommen sei, weil die Deutschen die Verteidigung aufgegeben und alles auf den Sturm gesetzt hätten.

Sie haben trotzdem ganz schlecht gespielt, sagt Hella.

Hella versteht von Fußball so wenig wie ich. Sie interessiert sich auch für Fußball so wenig wie ich. Außerdem glaube ich, daß sie, da sogar ich für Fußball im Fernsehen eine Brille brauche, nicht viel vom guten

Spiel der Kroaten und dem schlechten Spiel der Deutschen gesehen haben kann. Aber selbst wenn sie es gesehen hätte, könnte sie unmöglich wissen, was daran gut oder schlecht war. Wir sprachen also auf keinen Fall über Fußball, während wir mit bedenklichem Vibrato in den Stimmen für oder gegen Deutschland redeten. Ich war natürlich für Deutschland, weil ich es normal finde, für die eigene Mannschaft zu sein. Wenn sie schlecht spielt, braucht sie eben Glück, und wenn sie auch kein Glück hat und sogar Pech und darum verliert, dann ärgere ich mich. Und wenn mir der Gegner, gegen den die Deutschen verloren haben, unsympathisch ist, ärgere ich mich noch mehr. Ich denke überhaupt nicht sportlich und will nicht, daß der Bessere gewinnt, sondern hoffe, daß unsere Mannschaft gewinnt, ob sie nun besser ist oder nicht. Eigentlich glaube ich, daß Hella darüber ähnlich denkt wie ich, nur daß die Deutschen eben nicht ihre eigene Mannschaft sind, im Gegenteil: sie sind am allerwenigsten ihre Mannschaft, weniger als die Franzosen, Engländer, Italiener und natürlich die Kroaten. Die Deutschen sind vermutlich sogar ihre Gegner, wie die westdeutschen Historiker ihre Gegner sind, weil sie annimmt, daß sie genauso lügen wie die ostdeutschen Historiker, weshalb ich, wenn ich schon den ostdeutschen Historikern nicht traue, den westdeutschen auch nicht trauen dürfte, so wie ich eigentlich nicht für die westdeutsche Fußballmannschaft sein dürfte, wenn es keine ostdeutsche mehr gibt.

Klasseninstinkt ist, hat Hella gesagt, wenn man genau weiß, wer man ist, wozu man gehört und gegen wen man ist. Hellas entschiedene Gegnerschaft zur deutschen, in ihren Augen westdeutschen Mannschaft muß – jedenfalls schließe ich das aus dem rasch ansteigenden Spannungspegel unseres Gesprächs – mit ihrem Klasseninstinkt zu tun haben und mit dem Klassenfeind.

Hellas Klassenfeind war lange auch mein Klassenfeind; darum kenne ich ihn gut, wenn mein Bild von ihm auch ein kindliches ist. Der Klassenfeind ist das Böse und das Falsche schlechthin. Wo er ist, darf man selbst nicht sein; was er denkt, darf man selbst nicht denken; denkt man es doch einmal, muß man sich selbst mißtrauen. Der Klassenfeind ist ein verläßlicher Korrektor unseres Tuns; wenn er uns lobt, haben wir einen Fehler gemacht. Wenn wir an unseren Überzeugungen zweifeln und es könnte dem Klassenfeind dienen, müssen wir den Zweifel unterdrücken. Wenn wir vom Gegenteil unserer Überzeugungen überzeugt sind und könnten dadurch dem Klassenfeind nützen, müssen wir unsere gegenteilige Überzeugung verschweigen. Ohne den Klassenfeind wüßten wir eigentlich überhaupt nicht, was richtig und was falsch ist.

Für mich war der Klassenfeind eher eine imaginäre Gestalt und meine Feindschaft zu ihm eine erlernte, während Hella mit ihrem Feind bis heute Gestalt und Stimme verbindet, Erinnerungen an fliehende Arbeiter, die ihr im Mai 1929, der als »Blutiger Mai« im Gedächtnis geblieben ist, auf dem Schulweg begegnet sind, an die Armut ihrer Kindheit, an den Krieg und den Tod der Eltern. Ich glaube nicht, von Marta oder Hella je eine feindselige Bemerkung über die Deutschen gehört zu haben; die Schuld lastete auf den kapitalistischen Verhältnissen, nicht auf der Nation. Und da diese Verhältnisse nach dem Krieg nur in einem Teil Deutschlands fortbestanden, war der Feind geographisch bestimmbar: der Feind war der Westen. Manchmal frage ich mich, ob Marta und Hella die Deutschen nicht mit anderen Augen gesehen hätten, wäre es nicht möglich gewesen, sie gleichzeitig zu hassen und freizusprechen.

Wer weiß, was in einem ungeteilten Deutschland aus ihnen geworden wäre. Vielleicht hätten sie, weil sie so gut nähen konnten, eine kleine Schneiderei gegründet und damit sogar Erfolg gehabt und darum ein, zwei oder drei oder noch mehr Näherinnen angestellt und wären unversehens selbst zu Kapitalisten geworden. Oder Hella wäre, wie sie es wünschte, Journalistin geworden, beim »Telegraf« oder bei der »Morgenpost«, und hätte Karriere gemacht. Vielleicht aber auch nicht, vielleicht hätte Marta auch weiterhin beim Schneidermeister Schröder am Herrfurtplatz ausgeholfen, und Hella wäre zur einzigen kommunistischen Zeitung gegangen, und ihr Feind wäre auch unter diesen Umständen geblieben, der er bis heute ist: der Kapitalist.

Der Verlag, bei dem Hella als Chefredakteurin einer kleinen Handelszeitung vorstand, bis sie 1974 nach zwei Herzinfarkten ausschied, wurde 1991 von einem westdeutschen Unternehmen gekauft. Daß ihre dreißig Jahre jüngere Freundin Th., die heute noch in diesem Verlag arbeitet, nun »für den Kapitalisten schuften« muß, wie Hella in ihren Notizen schreibt, daß sie »in einem Verlag arbeitet, der einst unserer war und jetzt kapitalistisch regiert wird«, belebt ihr altes Feindbild und die alte Empörung.

Als ich 1978 mein erstes Buch veröffentlichen wollte, hatte ich keinen Verlag, den ich »unser« hätte nennen können, und ich war froh, daß sich bei Hellas Klassenfeind »ein kapitalistisch regierter« fand, der mich verlegen wollte. Mein Feind war längst der eigene Staat, der Feind des ewigen Klassenfeinds, zu dem ich für Hellas Genossen inzwischen selbst gehörte, bis ich es im Januar 1988 endgültig leid war, ein Feind zu sein und einen Feind zu haben. Vor allem war ich von dem Argwohn befallen, ich könnte meinem Feind ähnlich werden wie ein Hund seinem Herrn, weil ich, um ihm zuvorzukommen, zu oft versuchte, zu denken wie er; weil ich, selbst wenn ich seine Erwartungen an mich mutwillig enttäuschte, ständig damit beschäftigt war, sie zu enttäuschen, und somit doch er, mein Feind, bestimmte, was ich tat und dachte, weil ich meine halbe Phantasie darauf verwendete, mich von ihm nicht besiegen zu lassen. Als ich endlich begriff, daß es für mein Bleiben in der DDR keinen Grund

Hella und Monika bei einer Demonstration

mehr gab außer dem, meinen Feind von mir nicht zu befreien, zog ich nach Hamburg.

* * *

Auf einem kleinen, mehrfach geknickten Foto, das aus dem Jahr 1946 oder 1947 stammen muß, gehe ich an Hellas Hand in einer Menschenmenge, die, zu unordentlichen Reihen formiert, durch eine von Trümmerhaufen gesäumte Straße zieht. Es könnte die Demonstration zum 1. Mai gewesen sein, sagt Hella, oder zum Tag der Opfer des Faschismus, genau wisse sie das nicht mehr.

Ob ich die flüchtigen Bilder, die sich für mich mit dem Foto verbinden, wirklich auf dieser Demonstration gesehen habe oder auf einer anderen oder ob ich sie nur aus einem Film kenne, der mich an das Foto erinnert hat, kann ich nicht sicher sagen. Ich glaube aber, selbst gesehen zu haben, wie sich während einer ebensolchen Demonstration vor ebensolchen Trümmerbergen immer wieder Menschen aufgeregt beim Namen riefen und einander in die Arme fielen, weil sie überlebt hatten und weil die anderen auch überlebt hatten, in der Emigration, im Konzentrationslager oder im Luftschutzkeller, wie wir. Meiner wirklichen oder unwirklichen Erinnerung haftet etwas Feierliches an, den Menschen und dem Tag, der auf dem

Foto ein sonniger ist. Die Menschen waren Genossen, und wir gehörten dazu. Die Gewißheit, daß Genossen bessere und klügere Menschen sind als andere, war Teil meines kindlichen Denkens, das mir später, als ich es längst besser wußte, zuweilen die Reflexe verwirrte und aus den Denkwegen geräumt werden mußte wie lästiges Gestrüpp.

Auf dem Foto trage ich noch kein Pioniertuch. Ich weiß nicht mehr genau, ob ich erst in die Schule kam und dann Pionier wurde oder umgekehrt. Ich kann mich aber erinnern, daß eines Tages eine Freundin, die ich aus der Kindergruppe der FDJ kannte, bei uns klingelte und verkündete, wir bekämen in den nächsten Tagen unsere Pionierkleidung, und daß wir beide vor Freude im Treppenhaus tanzten. Das war schon in der Schillerpromenade 28, wohin wir im Frühjahr oder Sommer 1947 gezogen waren, in eine etwas größere Wohnung im Vorderhaus und mit Balkon.

Ich war der einzige Junge Pionier in meiner Klasse, vielleicht sogar in der ganzen Schule.

Kindlichen Ich-Erzählern in der Literatur, sofern sie nicht durch eine besondere Begabung legitimiert sind wie Oskar Matzerath oder sofern sich der Bauchredner, als dessen Puppe sie agieren, nicht zu erkennen gibt, begegne ich fast immer mit Widerwillen; autobiographischen Kindheitsbeschreibungen mißtraue ich ganz und gar, meinen eigenen auch. Ich erinnere mich wenig an meine Kindheit und habe trotzdem eine genaue Vorstellung von ihr. Wie die meisten

Menschen habe ich mich in meinem Leben hin und wieder gefragt, warum ich wohl geworden sein könnte, wie ich bin, und habe mir zu verschiedenen Zeiten verschiedene Antworten gegeben. Vielleicht habe ich dabei die kleinen Szenen und flüchtigen Skizzen den großen Gemälden geopfert, die ich mir in wechselnden Stilarten von meiner Kindheit gemalt habe.

Allerdings habe ich auch für mein Vergessen verschiedene Theorien. Ich halte es zum Beispiel für möglich, daß meine Erinnerungen den ständigen Wandel in meinem Leben nicht überstehen konnten, weil sie beim Erlernen eines neuen Lebens einfach störten. Vielleicht habe ich ja, wenn solch ein Wandel bewältigt werden mußte – als wir vom Westen in den Osten zogen, als wir plötzlich mit Hellas neuem Mann in einem Haus lebten, als ich Chruschtschows Geheimrede las, als ich anfing, Bücher zu schreiben, als ich vom Osten in den Westen ging –, vielleicht habe ich ja, ohne es zu wollen, das bis dahin gelebte Leben jeweils auf eine transportable Größe zurechtgestutzt und, wie bei einem Umzug, ins nächste nur mitgenommen, was mir wichtig und kostbar erschien oder was sich, auch wenn ich gewollt hätte, nicht vergessen ließ. Jedenfalls bin ich keine naive Erinnernde wie Hella, die, befragt nach bestimmten Ereignissen aus ihrem Leben, in einem Regal mit der Jahreszahl 1932 oder 1945 oder 1976 nach diesem bestimmten Päckchen sucht, es findet oder nicht, das aber, wenn sie es findet, ein naturbelassenes Stück Erinnerung voller Düfte, Temperaturen, Geräusche enthält, als wäre es gerade erst verpackt und verstaut worden.

Ich kann oft nicht unterscheiden, ob ich mich wirklich erinnere oder ob ich mich an eine meinem Alter und Verständnis angepaßte Neuinszenierung meiner Erinnerung erinnere. Nur wenige kurze Augenblicke, die sicher sind: Ich gehe in der Fontanestraße, wo Paul und Ischi wohnen, schräg über den Damm und sage dabei laut vor mich hin, was die Russen sagten, wenn sie den Deutschen ihre Uhren abnahmen: Uri, Uri, Uri. Ein Ehepaar mit einem Kind, das älter ist als ich, hat mich beobachtet und lacht über mich. Ich fühle mich ertappt und schäme mich.

Oder: Ich muß in der Schule in der Ecke stehen, obwohl Frau Brandt, unsere Lehrerin, mich mag. Sie ist in der SPD und hat mir einmal aus Strümpfen eine Puppe genäht. Ich sehe durch meine vor die Augen gehaltenen Finger auf meine viel zu großen Schuhe. In meinem Rücken erzählt ein Mädchen aus der Schillerpromenade 40, sie sei am Wochenende mit ihren Eltern in Babelsberg gewesen und hätte dort gesehen, wie Russen mit Messern hinter Büschen gelauert hätten. Ich denke, daß sie lügt, aber Frau Brandt widerspricht ihr nicht.

Und der Polizist in der Hermannstraße, der nicht merken darf, daß ich in der kleinen schweinsledernen Aktentasche meines toten Großvaters Pionierzeitungen habe, die ich zu den Abonnenten bringen muß. Wenn ich nicht sofort etwas unternehme, wird er entdecken, daß ich etwas Verbotenes tue. Ich gehe auf ihn zu und frage ihn nach der Zeit, meine Knie zittern. Der Polizist hält mich für ein normales kleines Mädchen, das nicht zu spät nach Hause kommen darf. Ich bin sehr stolz auf mich.

Ein paar gerettete Minuten, an deren Echtheit ich nicht zweifle. Das meiste hat sich aufgelöst in einem allgemeinen zusammenfassenden Wissen, in atmosphärischen Szenen, deren genauer Hergang zu erfinden wäre, vielleicht nicht unwahrer als die wirkliche Erinnerung, aber doch erfunden.

An die Bücher erinnere ich mich: Grimms Märchen, Hauffs Märchen, russische Märchen, Geschichten über Neulanderoberer in Sibirien, über die Partisanin Ulja, über deutsche Antifaschisten. Ich glaube, damals begann ich, mein nicht unheroisches Selbstbild zu entwerfen, jedenfalls erkläre ich mir so bis heute gewisse Eigenarten, die mir, je nach Lust und Weltanschauung des Interpreten, mal als Komsomolzenbewußtsein und mal als Preußentum ausgelegt werden. Dabei habe ich den hilfreichsten Rat zur praktischen Lebensbewältigung bei Jean Anouilh gefunden, allerdings zwanzig Jahre später, als ich schon Theaterwissenschaft studierte und das Stück »Jeanne oder die Lerche« las. Jeanne erklärt ihrem König Charles, wie er seine Angst überwinden kann: »... Du sagst dir: Gut, ich habe Angst, aber das ist meine Sache, das geht niemanden etwas an. Ich gehe meinen Weg weiter ... Gut, sie sind in der Überzahl, sie sitzen hinter hohen Wällen, haben große Kanonen mit vielen Kugeln und sind seit jeher die Stärkeren. Ich habe Angst. Richtig Angst. Noch ein paar Sekunden – so ... und jetzt, nachdem ich Angst gehabt habe, jetzt los und drauf! Darüber sind die anderen so verdutzt, daß sie es plötzlich mit der Angst zu tun bekommen. Doch da bist du schon da und stürmst über sie hinweg! Du siegst, weil du als der Klügere und Phantasievollere eben *vorher* Angst gehabt hast. Mehr braucht es nicht.«

Das war ein brauchbares Angebot. Es erlaubte mir nicht nur, Angst zu haben, sondern verlangte es sogar. Ich mußte Angst haben, ich sollte mich der Angst widmen wie einer Aufgabe, ich sollte sie hinter mich bringen wie einen Tausendmeterlauf. Und wenn ich jeden dem befürchteten Ereignis innewohnenden Schrecken aufgespürt hätte, so daß es nicht schlimmer kommen könnte, als ich schon wußte und überlebt hatte, würde ich dem, was ich fürchtete, gewachsen sein. Ich habe daran geglaubt, und es hat geholfen.

Damals in Neukölln eiferte ich einem strengeren, weniger lustvollen Mut nach, einem Mut, der mich verpflichtet hätte, wie die Partisanin Ulja zu rufen: Es lebe die Sowjetunion, während man mir die Schlinge um den Hals legte; und keinen Namen meiner Genossen preiszugeben, auch wenn man mir die Fingernägel mit Zangen ausriß.

Als die Kinder führender Parteifunktionäre später als Ruhestörer und Dissidenten auffielen, wurde viel darüber spekuliert, ob ihre Aufsässigkeit vielleicht die Folge ihrer privilegierten Kindheit oder ihrer inneren Kenntnis der Macht war. Es lag wohl an der ruinierten moralischen Integrität ihrer Eltern, daß kaum jemand auf die Idee kam, ihre Revolte könnte das Ergebnis ihrer Erziehung sein, weil die Kinder das Pathos des antifaschistischen Widerstands ernst genommen haben, während ihre Eltern schon dabei waren, sich aus Widerstandskämpfern in Machthaber zu verwandeln. Aber daß man für etwas, das man als richtig erkannt hat, einstehen muß, daß man Ungerechtigkeit nicht unwidersprochen hinnehmen und seine Freunde nicht verraten darf, haben wir bei unseren Eltern gelernt. Ich weiß bis heute nicht, warum ihr Versagen an den eigenen Ansprüchen, mit dem ihre Kinder sie konfrontierten, sie nicht tiefer verwirrt hat.

* * *

Am 23. September 1949 kam Walter aus der russischen Kriegsgefangenschaft. Am frühen Morgen stand er, nachdem Marta ihm die Tür geöffnet hatte, im Zimmer von Hella, die gerade im Aufbruch war und an diesem Tag unter keinen Umständen zu Hause bleiben konnte, weil sie als stellvertretende Leiterin der Pressestelle beim Ostberliner Magistrat ausgerechnet an diesem Tag der Magistratsversammlung über ihre

Arbeit Bericht erstatten mußte. Hella und Walter hatten sich zum letzten Mal im Sommer 1943 gesehen. Kurz darauf geriet Walter in Gefangenschaft, und Hella wußte drei Jahre nicht, ob er lebte, bis 1946 eine erste Karte von ihm kam. Über ihre Verbindung mit Karl Maron schrieb sie ihm nichts. Bis zu dem Augenblick, da Walter am Morgen des 23. September in Hellas Zimmer trat, dachte er, ihn erwarteten zu Hause Frau und Kind. Er wohnte vier Monate bei uns, ehe sich in Pauls Haus in der Fontanestraße ein Leerzimmer für ihn fand. Solange wir in Neukölln wohnten, habe ich meinen Vater manchmal besucht, aber eigentlich erinnere ich mich nur an seine neue Freundin. Sie hörte schwer und hatte ein großes Hörrohr. Kurze Zeit nachdem wir aus Neukölln weggezogen waren, habe ich ihn auf dem Schulweg getroffen. Er stand mit seinem Auto an einer kleinen Tankstelle in der Wichertstraße. Ich glaube, er hat nur gesagt, ich solle meiner Mutter erzählen, er hätte jetzt einen »Adler«, so hieß sein Auto. Später, als wir schon in Pankow wohnten, soll er einmal vor der Schule auf mich gewartet und mehrere Kinder nach mir befragt haben. Hella befürchtete wohl, er wolle mich nach Westberlin entführen, jedenfalls bekam ich für einige Tage zivilen Begleitschutz auf meinem Schulweg. Ich habe Walter erst im November oder Dezember 1968 wiedergesehen, ich war hochschwanger. Warum ein Mitarbeiter des Innenministeriums das Treffen arrangierte, weiß ich nicht. Walter behauptete, der

Mann sei ein Kriegskamerad von ihm gewesen. Wir trafen uns im Restaurant vom Hotel »Newa« an der Invalidenstraße. Walter schenkte mir ein paar rosa Nelken. Ich sagte versehentlich »Sie« zu ihm. Er hat mich hin und wieder besucht. Meistens brachte er Kaffee und Libby's Milch mit, einmal, vielleicht auch zweimal, schenkte er mir hundert Westmark. Während der kargen Zeit, als ich auf die Veröffentlichung meines ersten Buches wartete und weder im Osten noch im Westen Geld verdiente, bot er an, mir abgelegte, aber gut erhaltene Kleidung seiner Tochter mitzubringen. Er war längst verheiratet und hatte eine erwachsene Tochter. Ich habe mich geniert, für mich oder für ihn, wußte aber nicht, wie ich das Angebot ablehnen sollte. Einmal rief er noch an und sagte, daß seine Nieren versagten und er nun zweimal wöchentlich zur Dialyse müsse. Später habe ich irgendwie erfahren, daß er tot ist, ich glaube von Lucie, die jemanden kannte, der wußte, daß mein Vater gestorben war.

Gegen Ende unserer Bekanntschaft habe ich ihn gefragt, ob er mich damals wirklich entführen wollte. Er sagte, er hätte mich natürlich nicht entführen wollen, aber hätte mich auch nicht bei diesen Kommunisten lassen wollen; vielleicht hat er auch gesagt: bei diesem Kommunisten, ich weiß es nicht genau.

Als Walter im Februar 1950 aus der Schillerpromenade 41 in die Fontanestraße zog, war Hella schon vier oder fünf Wochen Schülerin der Parteihochschule in

Kleinmachnow und kam nur an den Wochenenden nach Hause.

Die Zeit der Trennung von Walter hätte sie wie im Fieber erlebt, sagt Hella. Zerrissen zwischen der Dankbarkeit für Walter und der Liebe zu Karl, unsicher, ob sie das Recht hatte zu entscheiden, wie sie entschieden hatte; sie wußte, daß sie Walter unrecht tat, und konnte es nicht vermeiden. Zwei Jahre hatten sie miteinander gelebt, das war zehn Jahre her, seit vier Jahren gab es Karl und die neue Zeit, in der sie sich ein Leben mit Walter nicht vorstellen konnte.

In ihren Notizen erinnert sich Hella, daß ich sie einmal, offenbar nicht ohne Vorwurf, gefragt habe, ob sie Walter damals nicht doch eine Chance hätte geben müssen. »Es fiel mir schwer, die richtige Antwort zu finden«, schreibt Hella, »ich habe ihr gesagt, alle Menschen dürfen sich trennen, wenn sie glauben, ihre wirkliche Liebe gefunden zu haben, nur ich darf es nicht, weil ich als Halbjüdin aus Dankbarkeit bei dem Mann bleiben muß, der zu mir gehalten hat in einer schweren Situation. Ich habe während des Faschismus nicht frei wählen können und war immer darauf angewiesen, daß jemand bereit war, meine Schwierigkeiten zu den seinen zu machen. Und nun sollte ich wieder nicht frei entscheiden dürfen. Das habe ich Monika gesagt, aber die Tatsache, sobald ich mit ihr konfrontiert wurde, hat mich bis heute belastet«, schreibt Hella.

Vermutlich hätte ich Hella so viel entsagende Gerechtigkeit nicht abverlangt, wäre ihre Liebe auf einen

Hella auf der Kreisparteischule 1947

Mann gefallen, den ich auch hätte lieben können.

Während der Woche war Hella in Kleinmachnow auf der Parteihochschule, wo sie ein Jahr lang Marxismus, Leninismus, vor allem Stalinismus lernen sollte, an den Wochenenden kam sie nach Neukölln. Ich blieb bei Marta, nur die Ferien, als Marta selbst zur Parteischule, allerdings nur zur Kreisparteischule ging, verbrachte ich im Kinderheim der Parteihochschule, was ich wahrscheinlich vergessen hätte, wäre ich dort nicht zweimal von der Wippe auf den Rücken gefallen, so daß ich keine Luft bekam und glaubte zu ersticken.

Hella war vierunddreißig Jahre alt, sie trug lange Hosen, weit geschnitten und mit Bügelfalte, dazu Schuhe mit Kreppsohlen, und sie rauchte »Camel«. Vor allem Hellas Zigarettensorte veranlaßte einen ihrer Parteimitschüler, an der Wandzeitung einen an Hella gerichteten Brief auszuhängen, in dem er aus dem Genuß feindlicher Zigaretten auf Hellas mangelhaftes politisches Bewußtsein schloß.

Hella erzählt, sie hätte dem Genossen so sachlich wie möglich geantwortet und den Besitz der »Camel« mit ihrem Westberliner Wohnort begründet, der sie berechtigte, einen Teil ihres Gehalts vom Ostberliner Magistrat in Westgeld zu empfangen.

174

Aber dann ging der Krawall erst richtig los, sagt Hella, man hätte sie unplanmäßig in die Kritik und Selbstkritik beordert, obwohl es sonst streng nach dem Alphabet ging und sie überhaupt nicht dran gewesen wäre. Jeder ihrer Mitschüler, es waren mehr als zwanzig, und mit einigen von ihnen glaubte Hella sich eng befreundet, hatte ihr Schwerwiegendes vorzuwerfen: die elegante Kleidung, bürgerliche Lebensform; irgendwelche Sätze, die sie beiläufig geäußert hatte, offenbarten ihren Hörern nachträglich einen zweiten, tadelnswerten Sinn. Nur eine von zwanzig hätte sie verschont, Erika Asmus, die später als Carola Stern eine bekannte Journalistin wurde, allerdings im Westen. Sie hätte zwar auch etwas gesagt, weil jeder etwas sagen mußte, aber sie sei die einzige gewesen, die sie nicht belastet hat. Die Kritik-Seminare zu ihrer Person zogen sich über Wochen. Nicht einmal Zeit zum Verschnaufen hätte sie gehabt, sagt Hella. Sie hätte sieben Nächte geheult und in sieben Tagen sieben Pfund abgenommen. Es hätte so viel Verleumdung, Falsch, Mißgunst und Neid in allem gelegen. Ihr Seminarlehrer, ein im sowjetischen Kiregsgefangenenlager umgeschulter Wehrmachtsoffizier, sei der Radikalste gewesen; niemand, auch die alten Genossen nicht, hätte so unbarmherzig auf sie eingeschlagen wie der. Wahrscheinlich, sagt Hella, hat der Mann nur weitergegeben, was man im Umschulungslager an ihm selbst praktiziert hatte. So hätte sie sich das jedenfalls später erklärt. Hella wurde in ein anderes

Zimmer zu einer älteren Genossin verlegt, damit sie keinen schlechten Einfluß auf die beiden jüngeren Frauen ausüben könnte, mit denen sie bis dahin ein Zimmer geteilt hatte.

An den Wochenenden in Berlin, wenn sie Karl und den anderen Genossen aus dem Magistrat von ihrem Unglück erzählte, lachten die nur und sagten: Mach dir nichts draus, wir wissen doch, wer du bist.

Aber sie hätte sich gefühlt, sagt Hella, als hätte man ihre ganze Persönlichkeit kaputtgeschlagen. Die letzten fünf Monate hat sie still und zurückhaltend überstanden und sogar ein gutes Abgangszeugnis bekommen.

Fünfundvierzig Jahre später schreibt Hella in ihren Notizen: Warum bin ich damals nicht einfach von der Schule abgehaun, das frage ich mich heute noch voller Wut, aber auch Scham.

Und warum bist du nicht einfach abgehaun?

Ich weiß nicht, ich habe wohl gedacht, so was macht man nicht, das muß man eben durchstehn.

Und was wäre passiert, wenn du abgehaun wärst?

Das weiß ich auch nicht, es hätte so oder so ausgehen können. Vielleicht hätte man ja auch gefragt, was ist denn da los, wenn so etwas passieren kann. Kurz nach meinem Jahrgang hat sich wohl jemand beschwert oder ist wirklich abgereist, jedenfalls stand in der Zeitung ein Artikel über die rüden Methoden der Kritik- und Selbstkritik-Seminare an der Parteihochschule, sagt Hella.

176

Drei Jahre später, ich ging in die sechste oder siebente Klasse, erlebte ich selbst die Tortur einer Kritik- und Selbstkritik-Stunde, ganz in der Ordnung des Alphabets, I war dran, I wie Iglarz. Ich glaube, jemand warf mir vor, ich sei arrogant (arrogant wurde ich erst viel später und auch nur aus Notwehr), was meine beste Freundin Irene bewog, der Klasse ihre Erfahrung mit meiner Arroganz vorzutragen. Ich hatte ihr kurz zuvor das erste und einzige Abendkleid meiner Mutter gezeigt, aus fast weißer Jaquardseide mit schmaler Taille und einem weiten langen Rock, in dem meine hübsche Mutter aussah wie eine Prinzessin, jedenfalls für mich. Dieses Kleid hatte ich Irene gezeigt, und weil ich glaubte, mich für den unproletarischen Luxus eines solchen Kleidungsstücks entschuldigen zu müssen, hatte ich erklärt, daß meine Mutter mit ihrem Mann manchmal zu Empfängen gehen müsse und das Kleid darum wirklich brauche. Irenes Eltern waren mittlere Parteifunktionäre, die zu Empfängen nicht eingeladen wurden, das hatte ich nicht bedacht. Es wurde eine grausame Stunde. Ich weiß nicht warum, aber ich habe Irene später verziehen und war während der ganzen Schulzeit mit ihr befreundet. Nachdem mein Buch »Flugasche« 1981 im Westen erschienen war, wendete sie erkennbar den Kopf ab, wenn sie mich auf der Straße traf.

Kurz nach 1990 begegnete ich zufällig Carola

Stern. Sie fragte mich nach der Adresse von Hella, die sie offenbar in freundlicher Erinnerung behalten hatte. Die beiden haben sich getroffen und, wie Hella sagt, gut verstanden.

Als Carola Stern noch Erika Asmus hieß, wurde sie unter allen Parteischülern ausgewählt, als Lehrerin an der Schule zu bleiben. Ein halbes Jahr später, als ihr während einer ideologischen Überprüfung aller Parteimitglieder bedrohliche Fragen gestellt wurden, ist sie, anders als Hella, wirklich abgehaun, und zwar nicht nur aus der Parteihochschule, sondern gleich aus Kleinmachnow ins angrenzende Zehlendorf, vom Osten in den Westen. Hella hätte, um den Demütigungen zu entkommen, nur nach Hause fahren müssen, nach Neukölln im amerikanischen Sektor. Vielleicht hätten ihre Genossen sie für soviel Aufsässigkeit und mangelnde Diszplin zur Rechenschaft gezogen, vielleicht hätte Hella sich trotzig verteidigt und sich dabei um Kopf und Kragen geredet, und vielleicht wäre sie von der Partei gemaßregelt worden, und vielleicht hätte Hella sich gefragt, warum sie das eigentlich alles ertragen muß, und wir wären vielleicht in Neukölln geblieben, vielleicht, wenn es Karl nicht gegeben hätte; vielleicht, aber wahrscheinlich nicht, denn die anderen sind auch nicht in Neukölln geblieben, Lucie nicht, Ischi und Elli nicht, Dita auch nicht, nur Paul mit seiner Frau Erika und seiner Tochter Sylvia ist geblieben.

Eigentlich weiß ich es längst: den verpaßten Ausweg

aus Hellas und damit meiner Biographie, nach dem ich mit Hilfe aller denkbaren Vielleichts immer wieder fahnde, gibt es nicht. Vor alle Auswege hatte Hella den Riegel ihrer Treue zur Partei und ihrer unerschütterlichen Überzeugung geschoben, wobei ihre Überzeugung weniger erkennbar war als deren Unerschütterlichkeit. Wovon war Hella denn überzeugt? Daß der neue Staat gerecht war? Er war nicht gerecht. Daß die Menschen frei und glücklich werden? Sie waren nicht frei und glücklich und wurden es auch nicht. Daß die Bildung für alle war? Sie war nicht für alle. Aber eine gerechte Welt mit freien, glücklichen Menschen und gleichen Chancen für alle hat Hella sich bestimmt vorgestellt, als sie mit ihrer Agit-Prop-Gruppe durch die Neuköllner Hinterhöfe zog. Ihre Überzeugung, diese ersehnte Welt könne nur eine kommunistische sein, hat sie weder den Millionen Toten noch den Millionen Gefangenen des Stalinismus noch der Realität des sozialistischen Alltags geopfert. Ich glaube, Hella sieht in ihrer Treue eine Tugend; ich empfinde sie als Unbelehrbarkeit und, angesichts der Willkür und des Unglücks, das Kommunisten über einen halben Kontinent gebracht haben, als Herzlosigkeit. Hella ist keine herzlose Frau, und würde jemand, der wegen seiner politischen Ansichten Jahre in Bautzen verbringen mußte, an ihrem Tisch sitzen und seine Geschichte erzählen, würde sie sich mit ihm empören über die Verleumder und Dogmatiker, vorausgesetzt, sie glaubte ihm und er wäre ihr sympa-

Pawel 1939?

thisch. Aber was immer zu ihr gedrungen war über die Untaten der Kommunisten, sie hat ihren Genossen mehr getraut als deren Opfern. Ich weiß nicht, was sie hätte erfahren müssen, um ihrer Partei die Treue aufzukündigen und zu sagen: Wer das tut, soll nicht in meinem Namen handeln dürfen. Der Kapitalismus, der für Hella immer der Kapitalismus ihrer Jugend geblieben ist, galt ihr unter allen Umständen als das größere Übel. So ist es bis heute.

* * *

Pawel wäre 1945 sechsundsechzig Jahre alt gewesen. Er ist mir vertraut geworden im letzten Jahr, während ich versucht habe, alles, was an ihn und Josefa erinnert, zusammenzutragen. Seine Briefe klingen nach wie ein endloser weher Gesang. Fünf, vielleicht sogar zehn Jahre hätte ich einen Großvater haben können, diesen Großvater. Es ist schwierig, fast unmöglich, an die eigene Kindheit zu denken und dabei dem Selbstmitleid ganz zu widerstehen; zu groß erscheinen die Zumutungen, zu klein wir selbst. Unter meine Erinnerungen mischt sich, wenn ich der Angst vor Sentimentalität nicht erliege, die verspätete Sehnsucht nach meinem Großvater. Ich wünschte, es hätte ihn in meinem Leben gegeben. Ich kann mir einfach nicht vorstellen, daß unser Leben mit Pawel ebenso verlaufen wäre, wie es ohne ihn verlaufen ist.

Alles, was ich inzwischen über ihn weiß, läßt mich vermuten, daß Hellas fragloses Bekenntnis zu ihrer Partei und zu der neuen Macht in Pawel wenigstens Zwiespalt geweckt hätte. Und selbst wenn in Hellas und meinem Leben alles so geschehen wäre, wie es nun einmal war, hätte es daneben immer auch ein anderes Leben gegeben und eine andere Sprache, obwohl Hella sagt, die Sprache der Briefe sei nicht Pawels alltägliche Sprache gewesen, was ich kaum glauben kann, denn sie spricht so aus seinem Innern, daß es seine einzige und wirkliche Sprache gewesen sein muß. Ich weiß nicht, wie mein Großvater mir die Geheimnisse des Lebens und des Sterbens, des Liebens und des Tötens erklärt und welche Gewißheiten er mir hinterlassen hätte. Aber jemand, der aus dem Ghetto, in Erwartung seines Todes schreibt: »Zeigt niemals dem Kinde, daß es Haß, Neid und Rache gibt«, muß, etwas anderes kann ich nicht glauben, gefeit gewesen sein gegen den Unfehlbarkeitsanspruch einer Partei, der hätte nicht gleichgültig bleiben können gegenüber den Opfern der nächsten Diktatur, dessen Moral folgte einem anderen Gebot als dem seiner Klasse. Ich frage Hella, ob sie sich denken könne, wie Pawel mit den Verhältnissen im östlichen Nachkriegsdeutschland ausgekommen wäre.

Das weiß ich nicht, sagt Hella, das könne man doch über keinen Menschen sagen. Vielleicht hätte ihr Vater sich befreit und ganz geborgen gefühlt, aber wissen könne sie das nicht.

Hellas bekennende Unzuständigkeit erleichtert mich. Zwar hätte ich der entschiedenen Behauptung, Pawel wäre auf jeden Fall ein Anhänger des neuen Systems gewesen, ohnehin nicht geglaubt, aber indem Hella, die ihn ja besser gekannt hat als ich, sich dessen eben nicht gewiß sein kann, überläßt sie meinen Großvater ganz mir und meinen Mutmaßungen über ihn.

Ich glaube nicht, daß Pawel mit uns in den Osten gezogen wäre; ich glaube, er wäre in Neukölln geblieben bei seinem Sohn Paul und Erika und Sylvia. Es ist sogar möglich, daß ich ihn, auch wenn er nicht umgekommen wäre, verloren hätte, wie fast alles verlorenging, was mit dem Leben in der Schillerpromenade zu tun hatte; außer Marta. Aber vielleicht wäre ja auch Marta gar nicht mit Hella und mir in den Osten gezogen, wenn ihr Vater gelebt und Marta sich nicht so allein gefühlt hätte.

Ich kann mich nicht erinnern, mir als Kind je meinen gegenwärtigen Großvater vorgestellt zu haben. Und jetzt gelingt es mir nicht, einen Platz für ihn zu finden in dem Haus in Pankow neben dem Mann in der Generaluniform, der sein Schwiegersohn gewesen wäre. Oder am 17. Juni 1953, als ich aus der Schule kam und in unserem Wohnzimmer zwei fremde Männer fand, einer von ihnen hielt eine Maschinenpistole auf den Knien, zu unserem Schutz, sagte er. Ich fand das aufregend und ein bißchen komisch. Aber wo ist

mein Großvater? Er sitzt in der Küche bei der Haushälterin. Er wärmt Milch für mich. Trink die Milch,
sagt er.
Am Abend sagt er zu Hella: Ihr schießt auf die Arbeiter wie Noske. Oder schweigt er? Oder fürchtet er
sich, weil er glaubt, was seine Tochter glaubt, daß hinter allem die alten Nazis stecken und die Kalten Krie-
ger aus dem Westen, von denen die Arbeiter sich haben verführen lassen?
Trink deine Milch, sagt er zu mir.

* * *

Nach dem Krieg haben Pawels Kinder nach ihrem Vater gesucht. Aber die Auskunft auf Pauls Nachfor-
schungsantrag bei der Post, in der das SS-Sonderkommando Kulmhof die ordnungsgemäße Aushändigung
eines Pakets und einer Geldsendung bescheinigte,
blieb der letzte Hinweis auf Pawels Leben.
Kulmhof war ein Vernichtungslager, in dem die Juden
sich oft nur Stunden, höchstens Tage
aufhielten, ehe sie in den Wäldern,
die das ehemalige Herrenhaus umga-
ben, erschossen wurden oder in den
für die Menschenvergasung umgerü-
steten Lastwagen erstickten.
Das Lager Kulmhof ist heute die
Gedenkstätte Chelmno: eine riesige
wilde Wiese mit Mauerresten darauf

und im Kreis aufgestellten Steinen, umsäumt von heimeligem Mischwald. War es hier? In diesem Wald? Oder ein paar Kilometer weiter? Auf einer Bank wartete ich auf Jonas, der allein durchs Gelände zog, um zu fotografieren. Außer uns war hier niemand. Im Sand zu meinen Füßen verrichteten Ameisen eilig ihre Arbeit, Mücken umsurrten mich. Alles das hat es gegeben, das Wispern der Bäume, die Fliegen im Sturzflug, das viele kleine kriechende, krabbelnde, flatternde, unbeirrt seiner Bestimmung folgende Leben, während jeden Tag die Gewehrsalven Hunderte von Menschen in die Gruben sinken ließen, die sie vorher selbst hatten ausheben müssen. An einem Tag im August 1942 war Pawel Iglarz unter ihnen, wenn er nicht im Laderaum eines Lastwagens vergast wurde. Wie stellt man sich das vor inmitten dieses sommerlichen Friedens?

Vom Waldrand am anderen Ende der Wiese löste sich eine Gestalt, langsam, geisterhaft im Flirren der Sonne. Jonas war blaß, oder bildete ich mir ein, daß er blaß war? Das ist so ein Gefühl, sagte er, bei jedem Schritt denkst du, hier kann es gewesen sein.

Zur Gedenkstätte gehört ein kleines Museum. In einer Vitrine liegen eine Brille, ein Löffel, ein Rasierapparat, ein Stück Kabel; die letzte Hinterlassenschaft der Toten. An den Wänden hängen Fotos, Briefe, Befehle, eine Rechnung von Motoren-Heym aus Leipzig C1 für Zwecke des Sonderkommandos Kulmhof. Der gelieferte Motor ist ausgerüstet mit 18 PS, 530 Um-

drehungen/Minute, Schwungrad 900 Ø, Durchfluß-
kühlung, Luftanlaßeinrichtung, Brennstoffgefäß, Aus-
pufftopf, Verbindungsleitungen sind vorhanden. Der
Motor ist bruch-, riß- und schweißfrei. Er kostet
1.400,– RM Nettokasse.

Am 19. März 1943 schrieb der Reichsstatthalter im
Reichsgau Wartheland Greiser einen Brief an den
Reichsführer-SS Heinrich Himmler:

»Reichsführer!

Ich habe vor einigen Tagen das frühere Sonderkommando Lange, das heute unter dem Befehl des SS-
Hauptsturmführers Kriminalkommissar Bothmann
steht und als Sonderkommando in Kulmhof, Kreis
Warthbrücken, seine Tätigkeit mit Ende d. Mts. ein-
stellt, besucht und dabei eine Haltung der Männer
des Sonderkommandos vorgefunden, die ich nicht
verhehlen möchte, Ihnen, Reichsführer-SS, zur gefl.
Kenntnis zu bringen. Die Männer haben nicht nur
treu und brav und in jeder Beziehung konsequent die
ihnen übertragene schwere Pflicht erfüllt, sondern
darüber hinaus auch noch haltungsmäßig bestes Sol-
datentum repräsentiert.

So haben sie mir z. B. auf einem Kameradschafts-
abend, zu dem ich sie eingeladen hatte, eine Spende
von 15.500,– RM in bar übergeben, die sie am gleichen Tag spontan veranlaßt haben. Es bedeutet, daß
jeder dieser 85 Männer des Sonderkommandos rund
160 RM aufgebracht hat. Ich habe das Geld dem
Fonds zu Gunsten ermordeter Volksdeutscher über-

wiesen, falls Sie, Reichsführer, nicht einen anderen oder besseren Verwendungszweck wünschen …«

Das Lager Kulmhof existierte vom Dezember 1941 bis zum März 1943 und wurde im Sommer 1944 für kurze Zeit wiedereröffnet. In Kulmhof starben 150 000 Juden.

* * *

Mit Paul und seiner Familie haben wir uns zum letzten Mal bei meiner Jugendweihe getroffen. Jedenfalls kann ich mich an eine spätere Begegnung nicht erinnern. Die Fotos von meiner Jugendweihe sind die letzten, die Paul von uns gemacht hat. Es war ein kalter Tag im April. Ich stehe sichtlich frierend vor unserer Haustür in einem taubenblauen Kleid; es ist ein Schwarzweißfoto, aber ich weiß, daß mein Kleid taubenblau war. Ich habe flache Schuhe an, weil Hella mir Schuhe mit hohen Absätzen verweigert hatte, wegen meiner dünnen Beine und überhaupt. Sie hatte recht, aber damals habe ich mich wegen der flachen Kinderschuhe geniert. In der Hand halte ich einen Maiglöckchenstrauß, eingebunden in ein weißes Spitzentaschentuch, wie es die evangelischen Mädchen zur Einsegnung trugen.

Auf einem anderen Foto tanze ich mit Lucie, auf noch einem anderen mit Marta. Ich weiß, daß ich am Ende des Abends enttäuscht war, weil niemand sich um mich kümmerte und Hella sagte, das sei bei solchen Anlässen eben so.

186

Von dem Streit zwischen Paul und Karl weiß ich nichts, aber Hella erinnert sich daran. Karl hat Filme vorgeführt, die er mit seiner neuen Schmalfilmkamera gedreht hatte. Ob die Filme nun wirklich unscharf waren oder ob Paul als Fotograf mit seiner professionellen Kompetenz renommieren wollte oder ob er, wofür einiges spricht, seine Schwestern und Karl einfach provozieren wollte, ist nicht zu ergründen, jedenfalls behauptete Paul, die Aufnahmen seien unscharf, weil die Ost-Kameras nichts taugten, worauf Karl, so hat es Pauls Tochter Sylvia von ihren Eltern erfahren, dermaßen heftig reagierte, daß Paul und seine Frau später glaubten, Karl hätte nur auf einen Anlaß zum Bruch gewartet.

Hella sieht das natürlich anders. Die Sache mit den Filmen sei nur der letzte Tropfen ins volle Faß gewesen, sagt sie. Sie hätten sich überhaupt nur noch gestritten, weil Paul sie politisch nur noch provoziert und attackiert hätte. Paul sei seit 1951 schon nicht mehr in der Partei gewesen, weil er wegen Inaktivität gestrichen wurde. Nicht mal rausgeschmissen, nur gestrichen, wegen Inaktivität, sagt Hella, was meinen Respekt für Paul wohl in Grenzen halten soll.

Er wollte damit eben nichts mehr zu tun haben, sage ich.

Naja, sagt Hella, er ist einfach nicht mehr hingegangen. Und womit hat er dich provoziert?

Ach, mit den Lagern und mit Stalin, auch noch, als Stalin längst tot war.

Monika und Hella 1953

Er hatte doch recht, sage ich.

Aber ich konnte es doch auch nicht ändern, sagt Hella.

Nach der Jugendweihe hat Hella Paul nur noch einmal zufällig vor ihrem Friseur in der Glinkastraße getroffen. Sie hätten sich wieder nur gestritten, sagt Hella. Paul starb 1982 in Neukölln. Marta starb 1983 in Pankow. Die Geschwister haben sich nie wiedergesehen. Jetzt, da sie alt und ein bißchen weiser sei, sagt Hella, und auch mehr wisse über das, was geschehen sei, bedauere sie ihre Unnachgiebigkeit von damals. Aber es sei nun einmal alles so passiert und jetzt nicht mehr zu ändern.

1988, dreiunddreißig Jahre nach meiner Jugendweihe und ein Jahr, bevor die Mauer fiel, sprach mich nach einer Lesung in einer Westberliner Buchhandlung eine Frau an und sagte, sie sei Sylvia. Ich überlegte, ob ich die Frau kennen müßte, bis sie sagte: Sylvia Iglarz.

Daß Sylvia nicht nur meine Kusine, sondern, wie ich, Josefas und Pawels Enkelin war, habe ich erst verstanden, als sie von »unserem Großvater« sprach, der in meinem Verständnis immer nur mein Großvater gewesen war. Wir haben uns inzwischen die Varianten der Geschichten erzählt, wie Paul es erlebt hat und wie Marta und Hella es gesehen haben.

188

Von Sylvia weiß ich auch, daß Paul aus den Listen der Westberliner SED gestrichen wurde, weil er sich der für ihn vorgesehenen Stunde der Kritik und Selbstkritik nicht aussetzen wollte. Er ist einfach nicht hingegangen. Später haben ihn seine alten Genossen auf den Neuköllner Straßen nicht mehr gegrüßt.

* * *

1955 heirateten Hella und Karl, nachdem sie schon vier Jahre zusammen gelebt hatten. Die ersten zwei Jahre unseres gemeinsamen Lebens hatte ich im Internat verbracht, bis ich, weil ich Heimweh hatte, das Fieberthermometer auf 42 Grad trieb und Hella mich wieder nach Hause holte. Dabei hat es vermutlich eine sympathischere Schule als das Grundschulinternat Siethen und das dazugehörige Oberschulinternat in der ganzen DDR nicht gegeben. Die Schule wurde im Sinne sozialdemokratischer Reformpläne aus der Weimarer Zeit geführt, denen auch Hellas Käthe-Kollwitz-Aufbauschule ihre Existenz verdankte. Wir duzten unsere Lehrer, es gab eine Schülerselbstverwaltung und einen Schülerfunk, den wir selbst betrieben. Schlechte Zensuren konnten korrigiert werden, indem man abends beim Lehrer klopfte und bewies, daß man inzwischen gelernt hatte, was man am Morgen noch nicht wußte. Viel später habe ich erst verstanden, daß mein Internat eine ungewöhnliche Schule war und warum es noch in den fünfziger Jahren geschlossen wurde.

Zwei Jahre vor Hellas Heirat waren wir aus Polen zu Deutschen geworden, und nach Hellas Heirat hießen wir auch nicht mehr Iglarz.

Eigentlich endet hier die Geschichte von Pawel, Josefa und ihren Kindern.

Nach 1955 hat sich nicht mehr viel verändert im Leben von Hella und Marta. 1955 zogen wir in ein anderes Haus, in dem Karl 1975 starb. 1955 kam ich zur Oberschule, und Karl, bis dahin Chef der Deutschen Volkspolizei, wurde zum Innenminister ernannt. Hella sagt, sie hätte geweint, als sie davon erfuhr, weil sie befürchtete, sie hätten nun keine Zeit mehr füreinander. Hella war von 1956 bis zu ihrer Berentung Chefredakteurin einer Handelszeitung. Marta arbeitete, nachdem sie aus unserem gemeinsamen Haushalt ausgezogen war, in der Aufnahme eines Krankenhauses und später als Einkäuferin in der Liga für Völkerfreundschaft.

Über die vierzig Jahre bis 1995 finde ich, außer Privatem, in Hellas Notizen kaum etwas über die Zeit, in der wir lebten, als hätte sich Hellas Biographie, bis dahin auf fast natürliche Weise verwachsen mit der deutschen Geschichte, vom Zeitgeschehen gelöst, als wäre Hella von Deck gegangen und säße nun, während das Schiff weiterzog, in einer sicheren Kajüte und könnte von der ganzen großen Reise nur erzählen, wie die Kajüte ausgestattet war und wer mit ihr darin gewohnt hat. Ich muß Hella diesen Vergleich nicht vortragen, um zu wissen, daß sie ihn nicht nur als ungerecht, sondern auch als absurd abwehren würde und damit aus ihrer Sicht und ihrem Erleben recht hätte. Natürlich hat sie sich aus den Turbulenzen der Zeit nicht zurückgezogen, sondern sie war ein Teil dessen, was sich als gesellschaftlicher Fortschritt und weltverändernde Kraft verstand. Sie könnte sogar von sich behaupten, manche bürokratische Entgleisung und dogmatische Anmaßung ihrer Partei kritisch beurteilt und selbst nie praktiziert zu haben, und ich würde ihr nicht widersprechen wollen. Während meiner zwölfjährigen Mitgliedschaft in der SED stand Hella in jedem Streit, den ich mit ihrer und meiner Partei führte, unbeirrt auf meiner Seite, sogar als ich 1978 aus der Partei wieder austrat; nicht etwa, weil sie meine Entscheidung gutgeheißen hätte, sondern weil sie glaubte, es müsse auch an der Partei liegen, wenn jemand wie ich seinen Platz darin nicht finden konnte.

Obwohl ich das weiß und obwohl allein Hellas Naturell und ihre Lust am Leben sie vor politischer Verbissenheit und moralischer Intoleranz bewahrt haben, blieb ihr Empfinden, so scheint es jedenfalls mir, unzugänglich für das Leid und Unrecht dieser Jahrzehnte.

In ihren Aufzeichnungen erwähnt Hella weder das Jahr 1953 noch das Jahr 1956, kein Wort über den Mauerbau 1961. Und 1968, »das verfluchte Jahr 1968«, wie Hella schreibt, ist nicht das Jahr des Einmarschs in Prag, sondern das Jahr ihrer Sorgen

um Karl, der nach dem Ausscheiden aus seinen Ämtern in Depressionen gefallen war.

Hella sagt, sie hätte eine glückliche Ehe geführt und auch ihr Berufsleben hätte sie als glücklich empfunden. Daß sie als Rentnerin mit ihrer Partei doch noch kollidierte und sogar vor den Nachstellungen des Staatssicherheitsdienstes nicht verschont blieb, lag an mir. In unserer Familie ist niemand dem Glauben treu geblieben, in dem er erzogen wurde. Pawel ist nicht Jude geblieben, Josefa nicht Katholikin, Hella, Marta und Paul haben sich nicht von den Baptisten taufen lassen, und ich habe mit der Zeit aufgehört, an den Kommunismus zu glauben.

1975 starb Karl. Er war zweiundsiebzig Jahre alt. In ihren Notizen schreibt Hella: »Monika, Jonas und ich standen in der Tür, als mein Mann hinausgetragen wurde, jeder mit anderen Gefühlen. Ich mit dem des schmerzlichen Verlusts; Monika, davon war ich überzeugt, mit dem der Befreiung, der Befreiung von einem Menschen, mit dem sie zwar seit vierundzwanzig Jahren familiär verbunden war, zu dem sie aber in all den Jahren keinen Zugang fand, wie es auch umgekehrt gewesen sein muß.«

Eigentlich hatten Hella und ich vereinbart, daß wir, sollte Karl sterben, auf keinen Fall zusammenziehen würden. Wenn Hella von Karls möglichem Tod sprach, nannte sie es nicht »Tod« oder »sterben«, sondern »falls ich einmal allein bleiben sollte«. Von ihrem eige-

nen Tod spricht sie ungeniert, fast frivol: »Moni, wenn ich mal tot bin, die wichtigen Papiere liegen alle da drüben im Schrank, ganz oben.« Für den Fall also, daß Hella einmal allein bleiben würde, wollten wir nicht zusammenziehen, sondern Hella wollte das Haus für zwei Wohnungen tauschen, um Jonas und mich aus der kleinen, feuchten und ofenbeheizten Mansardenwohnung zu erlösen, die im Wohnraumvergabejargon als »Endversorgung« bezeichnet wurde. Als Karl tot war, fehlte ihr die Kraft, das Haus aufzugeben, und ich zog zu ihr. Am Tag nach Karls Beisetzung wurde ich mit Krämpfen ins Krankenhaus eingeliefert, wo ich, mit kurzen Unterbrechungen, fast vier Monate zubrachte. Nicht der Schmerz, sondern daß ich keinen Schmerz empfinden konnte, daß ich diesen Tod wirklich als Befreiung erlebte, hat mein verwirrtes Hirn dem ihm untergebenen Körper offenbar so viele falsche oder einander widersprechende Befehle erteilen lassen, bis er kollabierte. Als ich aus dem Krankenhaus entlassen wurde, wog ich siebenundneunzig Pfund, kaufte mir von Karls Erbe, das Hella mir auszahlte, als wäre ich seine leibliche oder adoptierte Tochter gewesen, ein Auto der Marke »Dacia«, auf das man damals noch nicht warten mußte, lernte Autofahren, kündigte meine Stellung als Reporterin bei der »Wochenpost« und begann eines Morgens nach dem Frühstück, ein Buch zu schreiben. Hella besann sich ihrer jugendlichen Neigungen und fing wieder an zu malen.
An die ersten Jahre nach Karls Tod erinnere ich mich

wie an einen Rausch. Alles schien möglich. Ich schrieb ein Buch. Ich schlief in dem Zimmer, in dem Karl gestorben war, und jeden Abend vor dem Einschlafen gab ich mich dem niedrigen Triumph der Überlebenden hin. Ich schämte mich und triumphierte trotzdem. Als ich mit dem Greifenverlag zu Rudolstadt über einen Reportageband verhandelte, fragte mich der Verleger, ob ich zufällig auch etwas anderes anzubieten hätte. Ich schickte ihm die ersten siebenundzwanzig Seiten und bekam einen Vertrag. Ich wechselte meinen Platz in der Wohnung nicht, ohne mein Manuskript vom Sessel aufs Sofa mitzunehmen, und jeder, der mich besuchte, mußte anhören, was ich gerade geschrieben hatte; Hella hörte es mit wachsender Besorgnis. Ich weiß nicht, ob außer mir und dem Verlagsleiter Hubert Sauer, der einmal fast ertrunken wäre und vier Minuten klinisch tot war und darum nichts mehr fürchten wollte, überhaupt jemand glaubte, das Buch würde in der DDR erscheinen dürfen, ich jedenfalls glaubte es, vielleicht weil ich es, solange ich daran schrieb, glauben mußte oder weil ich die Welt immer noch oder wieder für eroberbar hielt oder weil ich nicht darüber nachdenken wollte, was ich anderenfalls tun würde.

Aber du würdest das Buch doch nicht in den Westen geben, sagte Hella.

Bestimmt nicht, sagte ich, niemals.

Ich weiß bis heute nicht genau, warum mir, solange Hellas Mann lebte, alles unmöglich erschien, was ich, als er gestorben war, nach und nach einfach tat, wie ein umgeleiteter Fluß, der sein natürliches Bett wiederfindet, nachdem das künstliche Hindernis aus dem Weg geräumt wurde. Ich schrieb, ich trat aus der SED aus und veröffentlichte mein erstes Buch, nachdem man es in der DDR nicht drucken wollte, entgegen allen früheren Beteuerungen doch im Westen.

Wenn ich versuche, mich an die diffusen, nicht einmal vor mir selbst artikulierten, sondern als unveränderlich hingenommenen Gefühlszustände vor Karls Tod zu erinnern, scheint es mir, als hätte ich vor allem gefürchtet, Hella einer familiären Zerreißprobe auszusetzen und zu riskieren, daß sie sich für Karl und gegen mich entscheiden würde. Solche Konflikte gehören in die Kindheit, spätestens in die Pubertät. Als Karl starb, war ich vierunddreißig Jahre alt.

Zwanzig Jahre später wird die Öffentlichkeit über die Person, die ich damals war, ihr Urteil fällen, über mich, meinen Charakter und meine Motive spekulieren, weil ich in dieser Zeit Kontakte zum Ministerium für Staatssicherheit hatte. Also verlasse ich mich lieber nicht auf meine Erinnerung an mich selbst, sondern frage meine Freundinnen, wie sie mich wahrgenommen haben, damals, als ich zu Hella in das Haus gezogen war und fast alles in meinem Leben anders wurde. Ungeheuer energisch sei ich gewesen und von dem Gedanken besessen, jede Sache ließe sich beeinflussen, regeln, verändern. Wie ein unermüdlicher Schäferhund sei ich ihr vorgekommen, sagt die eine, übermütig und wild, sagt die andere. Vor allem aber sei ich unbelehrbar – und für sie manchmal schwer erträglich – der Meinung gewesen, daß alles geht, wenn man nur das Richtige tut. Wenn es nicht gegangen ist, hat man eben das Falsche getan, und wenn man das falsche Kleid anhatte. Mutwillig sei ich gewesen, mit Skepsis und Ironie, aber nicht pessimistisch.

So und so ähnlich war ich in den Augen meiner Freunde, als sich eines Tages ein Herr vom Ministerrat telefonisch bei mir ankündigte, was mich nicht verwunderte, weil unser Haus dem Ministerrat gehörte und jeder Klempner, der gerufen wurde, ein Angestellter des Ministerrats war. Dieser Herr aber erwies sich als ein Offizier der Hauptverwaltung Aufklärung beim Ministerium für Staatssicherheit, der das Interesse seiner Behörde an meiner Mitarbeit bekundete. Die Hauptverwaltung Aufklärung war zuständig für das Ausland, und ihren Chef Markus Wolf umgab das Gerücht, er sei intelligent und undogmatisch, vor allem aber ein Gegner von Erich Mielke, dem der gigantische interne Spitzelapparat unterstand. Was immer mich bewog – Neugier, Abenteuerlust, der Traum von einer sinnvollen Tat –, ich sagte nicht nein, sondern erkundigte mich nach einem spanischen Sprachkurs, weil ich an Chile dachte oder Nicaragua oder Kolumbien und den toten Che Guevara. Nichts von allem folgte der Vernunft. Jonas war sieben Jahre alt, ich wäre nirgends hingegangen ohne ihn. Mach das nicht, du willst das doch gar nicht wirklich, sagte Hella. Den Offizier warnte sie: Sie werden an meiner Tochter keine Freude haben. Aber ich erwartete irgend etwas, eine unverhoffte Wendung, eine unmögliche Möglichkeit.

Du wolltest raus, sagt Hella heute.

Raus ja, aber nicht verstoßen werden.

Wahrscheinlich hoffte ich immer noch, der endgültige Bruch bliebe mir erspart und dieser Staat könnte mich doch noch irgendwie gebrauchen, wenigstens außerhalb der eignen Grenzen, wo er, wie ich damals dachte, gerechte Kämpfe unterstützte.

Ich nahm dem Offizier das Versprechen ab, mich nie nach meinen Freunden und Bekannten zu befragen, woran er sich insofern hielt, als er mein Schweigen auf solche Fragen akzeptierte.

Als nach einem halben Jahr von einem Sprachkurs immer noch nicht die Rede war, statt dessen aber von einer Reise an den Mittelrhein, sagte Hella: Wenn du erst einmal einen Kontaktmann kennst, kommst du aus der Sache nicht mehr raus. Hör auf.

Ich sagte dem Offizier, meine Mutter hätte gesagt, wenn ich erst einmal einen Kontaktmann kennte, käme ich aus der Sache nicht mehr raus.

Das stimmt, sagte er, und ich sagte: Dann hören wir jetzt auf.

Eigentlich war nichts passiert. Ich hatte zwei Berichte geschrieben, von denen Hella befürchtete, sie könnten zu meiner Verhaftung führen. Ich hingegen hielt es für unmöglich, daß man mich für die Wahrheit verhaften könnte, wenn man sie ausdrücklich von mir verlangt hatte. Und ich hatte ein zehntägiges Visum für Westberlin bekommen, das mir, als ich es für die Recherche meines Buches beantragt hatte, kurz zuvor abgelehnt worden war. Ich wollte nach Neukölln in die Schillerpromenade. Bei einem unserer Treffen fragte ich den Offizier, was seine Behörde denn so könne, ob er mir zum Beispiel den Führerschein zurückgeben könne, falls man mich trunken am Steuer erwischen würde.

Das könne er, sagte er.

Und ob er mir auch ein Visum für Westberlin besorgen könne, fragte ich.

Das könne er auch, sagte er.

Das hätte ich dann gerne, sagte ich.

Außer dem Paß versprach er mir die absolute Freiheit im Umgang mit westdeutschen Journalisten und Diplomaten, der mir bis dahin verboten war. Wenn etwas meiner Legendenbildung dienen könne, sagte er, dürfe ich tun, was ich wolle. Mich interessierte nur die zweite Hälfte des Satzes: Ich durfte tun, was ich wollte. Vor den Behelligungen durch die Staatssicherheit schützte mich die Staatssicherheit, vor Erich Mielke Markus Wolf. Als ich nach etwa acht Monaten meine mangelnde Eignung für eine Agentenkarriere eingestand, fragte ich den Offizier, ob er mich nicht weiterhin in seiner Kartei führen könne, um meine gerade gewonnene Freiheit, die ich auf keinen Fall wieder aufgeben wollte, noch eine Weile zu beschützen.

Wenn ich meine Akten richtig verstehe, hat er das sogar versucht, bis meine Schonfrist abgelaufen war und aus der Kontaktperson »Mitsu« der Operative Vorgang »Wildsau« wurde.

Als der »Spiegel« 1995 diese Geschichte als eine der vielen Spitzel- und Denunziantengeschichten enthüllte, schuf sich die Öffentlichkeit gerade nachträglich ihr Gedächtnis für die Vergangenheit, für die Schuld, Verdrängung und Lüge der vierzig Jahre DDR. Zum zweiten Mal mußte eine Vergangenheit bewältigt werden. Aber ich hatte die Konsequenz aus meinen Irrtümern schon siebzehn Jahre vorher gezogen, ich hatte nichts mehr zu bewältigen, ich hatte auch nichts vergessen, auch nicht meine Stasi-Affäre, an die ich mich immer als eine kuriose und komische Episode erinnert habe, auf die ich nicht sonderlich stolz war, für die ich mich aber auch nicht schämte, weil sie eben keine Spitzel-Affäre war. Aber das öffentliche Gedächtnis, schien es, brauchte anderes Futter. Es stellte meine Biographie ab 1976 auf den Kopf, damit sie in eine allgemeine Biographie paßte. Die Bedeutung des Vorfalls wurde nicht aus ihm selbst abgeleitet, sondern aus dem Bedürfnis nach Umdeutung. Acht Monate, in denen ich weder etwas anderes gedacht, noch gesagt, noch getan hatte als sonst, deuteten nachträglich sogar meine Bücher um.

Ich hatte die Geschichte nie vergessen, trotzdem wurde mir Vergessen suggeriert. Ein Fernsehredakteur behauptete gegenüber meiner engsten Freundin, ich hätte einen Bericht über sie geschrieben. Sie glaubte ihm nicht, auch nicht, als er erklärte, der Bericht läge ihm vor. Ich war sicher, niemals ein denunziatorisches Wort über sie gesagt, schon gar nicht geschrieben zu haben, aber der Fernsehredakteur beteuerte, einen ganzen Bericht zu kennen. Es war unmöglich, trotzdem begann ich, mir Situationen auszudenken, in denen ein Mensch etwas tun könnte, ohne später davon zu wissen, Hypnose, Schizophrenie oder andere krankhafte Zustände, aber auch dann hätte ich über die Freundin, die ich liebte, nichts Verräterisches schreiben können. Ich suchte nach meinen heimlichen Gefühlen, fragte mich, ob in mir eine zweite, mir unbekannte Person lebte, die, wie in einem Psycho-Thriller, für kurze Zeit die Herrschaft über mich gewonnen haben könnte. Es gab eine Stunde, in der ich bereit war, alles für möglich zu halten. Als Hella anrief, fand sie mich aufgelöst, wirr. Wenn ich diesen Bericht nun wirklich geschrieben habe, sagte ich, wenn es das gibt, daß einer außerhalb seiner selbst ist und dann nichts mehr davon weiß.

Ich erinnere mich genau an Hellas Stimme, sie war fest und zart, vielleicht so, wie sie zu mir als Kind gesprochen hat, wenn ich Trost brauchte oder Ermutigung. Du hast keinen Bericht über sie geschrieben, glaub mir, sagte Hella, ich weiß genau, wie du warst und was du gemacht hast. Du hast so einen Bericht nicht geschrieben, und jetzt beruhige dich.

* * *

1981, als mein erstes Buch endlich erschien, beim S. Fischer Verlag in Frankfurt am Main, wohnten Hella und ich schon nicht mehr zusammen. Hella hatte das Haus 1979 an den Ministerrat zurückgegeben und jede von uns hatte eine Wohnung mit drei Zimmern dafür bekommen, Hella die untere Wohnung in einem Zweifamilien-Haus, drei Minuten Fußweg von dem alten Haus entfernt; ich eine Neubauwohnung in Hellersdorf, die ich, ohne sie zu beziehen, gegen eine Altbauwohnung in Pankow tauschte.

Unser Zusammenleben in dem Haus scheiterte wohl vor allem an mir. Nichts von dem, was Töchter an ihren Müttern für gewöhnlich beklagen, konnte ich Hella vorwerfen. Sie kam nicht ungebeten in meine Zimmer, sie urteilte nicht ungefragt über meine Freunde, sie verlangte nichts und war selbst großzügig. Trotzdem wollte ich weg aus dem Haus, das dem Ministerrat gehörte, weg aus der Straße, in der außer westlichen Diplomaten vor allem alte Funktionäre lebten, zu denen, indem ich dort wohnte, auch ich gehörte. Ich wollte auch weg von Hella, die ich für ihre Lebensklugheit liebte und deren politische Ignoranz mich um so mehr empörte. Als im November 1976 Wolf Biermann ausgewiesen wurde, saßen Hella und ihre Freunde unten in Hellas Wohnung und erregten sich über Biermanns unverschämtes Kölner Konzert, während meine Freunde und ich oben saßen, schockiert, erbittert und ratlos. Jonas rannte von oben nach unten und von unten nach oben, trug die Argumente rauf und runter, weil er glaubte, wir müßten nur wissen, warum wir was denken, um uns wieder zu versöhnen.

Ich weiß nicht mehr, wie wir uns wieder versöhnt haben, irgendwie, weil wir eben Mutter und Tochter waren und weil wir uns liebten. Aber ich habe Hella damals auch gehaßt. Beim nächsten großen Streit beschlossen wir, das Haus aufzugeben.

Als mein Buch erschien, wurde es von einem Kulturmagazin des ARD-Fernsehens vorgestellt. Ich saß vor dem Apparat und heulte. Ich zerriß sogar eins meiner Belegexemplare. Ich weiß nicht mehr, was wirklich gesagt wurde und ob meine Wut angemessen war. Aber ich verstand, daß erst jetzt, mit dieser Sendung, in der ich nicht auftrat und die ich nicht verantwortete, der Bruch vollzogen war. Was ich nicht ausgesprochen hatte, war nun ausgesprochen worden. Ein junger Redakteur, der später noch öfter wegen seiner Bedenkenlosigkeit, wenn nicht Gewissenlosigkeit auffiel, hatte mich auf die andere Seite gezogen, wohin ich damals noch nicht wollte; und vor allem schien an mir zu interessieren, was ich mein Leben lang am wenigsten sein wollte: Karl Marons Stieftochter.

Nach der Sendung meldete ich mich nicht bei Hella, und Hella meldete sich nicht bei mir. Einige Wochen später trafen wir uns zufällig morgens um sieben oder acht in der Unterführung des Bahnhofs Lichtenberg, beide auf dem Weg zur Leipziger Buchmesse, Hella in

Begleitung einer Freundin, ich allein. Plötzlich sah ich Hella, wir liefen aufeinander zu, dann aneinander vorbei, ich sagte, vermutlich leise, Guten Morgen. Hella sah mich an, zog dabei an ihrer Zigarette und sagte nichts. Danach haben wir uns ein Jahr lang nicht gesprochen, bis mich eines Tages ein Freund von Hella besuchte und mich beschwor, den Streit zu beenden. Hella sei unglücklich und daran sogar krank geworden, und ich müsse mich darum unbedingt bei ihr melden.

Es sei Hella gewesen, die aufgehört hätte, mit mir zu sprechen, sagte ich, also solle sie auch wieder anfangen. Hellas Freund, der ein ehemaliger Kollege von ihr war und mich kannte, seit ich fünfzehn war, hatte sich offenbar vorgenommen, meine Wohnung nicht zu verlassen, ehe er sein Versöhnungswerk vollbracht hatte.

Hella und ich redeten zehn Stunden miteinander, tranken dabei drei Flaschen Wein und versprachen uns, die Politik fürderhin nicht über unseren Umgang miteinander entscheiden zu lassen, woran wir uns seitdem auch gehalten haben und was Hellas Parteigruppe, der vorwiegend Rentner angehörten, bewog, die Genossin Hella Maron, weil sie sich von ihrer einzigen Tochter nicht öffentlich distanzieren wollte, aus der Parteileitung auszuschließen.

Später erzählte mir Hella, sie hätte damals, als wir nicht miteinander sprachen, eines Nachts wach gelegen, und plötzlich sei ihr bewußt gewesen, daß sie eigentlich nichts anderes tat als Pawels und Josefas Eltern, die den eigenen Kindern das Haus verschlossen, weil sie den falschen Glauben hatten. Seitdem gab Hella es auf, sich für meine politischen Entscheidungen verantwortlich zu fühlen. Ich war ihre Tochter, sonst nichts. Sie holte mich vom Flughafen in Tegel ab, wenn ich mit viel Gepäck aus Amerika kam, weil sie als Rentnerin die einzige war, die mich abholen durfte. Sie schmuggelte für mich Honorare über die Grenze, wenn ich selbst kein Visum hatte. Auf meinen Geburtstagsfeiern freundete sie sich mit Dissidenten und westdeutschen Journalisten an, und wenn meine Freunde und ich im ungastlichen Ostberlin nachts keine Kneipe fanden, klingelten wir bei Hella, die sich, auch wenn sie schon im Bett gelegen hatte, über unseren Besuch freute; so kommt mir das Leben ins Haus, sagte sie.

Im November 1985 wies der »Genosse Minister« Mielke die Abteilung II/6 seines Ministeriums an, daß Helene Maron, geborene Iglarz, Journalist, Rentner, künftig als »Fahndungsobjekt … wegen Verdachts der Kuriertätigkeit zwischen gegnerischen Kräften operativ« zu bearbeiten sei.

* * *

Du weißt ja, sagt Hella, daß ich die DDR, wie sie am Ende war, wirklich nicht mehr gewollt habe, aber das, was wir jetzt haben, wollte ich schon gar nicht.

Ja, das weiß ich, und ich glaube sogar, daß Hella sich wohl fühlt in der geschmähten PDS, wo sie, wie damals im Fichte-Balalaika-Orchester, endlich wieder gegen den mächtigen, ungerechten Staat ankämpfen kann, gegen Arbeitslosigkeit und Obdachlosigkeit, gegen Bildungsprivilegien und soziale Ungerechtigkeit überhaupt.

Gestern haben wir einen neuen Bundestag gewählt. Hoffentlich schaffen wir die fünf Prozent, sagte Hella am Nachmittag zu mir; da sei Gott vor, antwortete ich; und Jonas, unser erster Nicht-Konvertit seit vier Generationen, der gar nicht konvertieren kann, weil er auf keinen Glauben eingeschworen wurde, sagte: So ist sie eben, nun laß sie doch.

Am Abend, als mir das Triumphgeschrei von der PDS-Party ins Haus gesendet wurde, breitete sich für Sekunden das alte Gefühl der Ohnmacht in mir aus, und ich dachte grimmig an Hella, die jetzt mit ihren Freundinnen jubelnd vorm Fernsehapparat saß.

Meine Großeltern haben ertragen müssen, daß keines ihrer Kinder sich taufen ließ; Hella hat gelernt zu ertragen, daß ich Antikommunistin wurde; und ich muß ertragen, daß Hella Kommunistin bleibt. Morgen werde ich sie anrufen, oder übermorgen, wenn ihre Siegesfreude sich ein bißchen gelegt hat, heute jedenfalls noch nicht.